高等职业教育精品教材·经济贸易类

外贸跟单操作

主编 孙春媛 胡坚达

北京理工大学出版社
BEIJING INSTITUTE OF TECHNOLOGY PRESS

版权专有　侵权必究

图书在版编目（CIP）数据

外贸跟单操作 / 孙春媛，胡坚达主编. —北京：北京理工大学出版社，2021.7（2021.8 重印）
ISBN 978 – 7 – 5763 – 0044 – 4

Ⅰ.①外…　Ⅱ.①孙…②胡…　Ⅲ.①对外贸易 – 市场营销学 – 高等学校 – 教材　Ⅳ.①F740.4

中国版本图书馆 CIP 数据核字（2021）第 136357 号

出版发行 / 北京理工大学出版社有限责任公司
社　　址 / 北京市海淀区中关村南大街 5 号
邮　　编 / 100081
电　　话 / (010) 68914775（总编室）
　　　　　 (010) 82562903（教材售后服务热线）
　　　　　 (010) 68944723（其他图书服务热线）
网　　址 / http://www.bitpress.com.cn
经　　销 / 全国各地新华书店
印　　刷 / 涿州市新华印刷有限公司
开　　本 / 787 毫米 × 1092 毫米　1/16
印　　张 / 12.5　　　　　　　　　　　　　　　责任编辑 / 申玉琴
字　　数 / 252 千字　　　　　　　　　　　　　文案编辑 / 申玉琴
版　　次 / 2021 年 7 月第 1 版　2021 年 8 月第 2 次印刷　　责任校对 / 周瑞红
定　　价 / 38.00 元　　　　　　　　　　　　　责任印制 / 施胜娟

图书出现印装质量问题，请拨打售后服务热线，本社负责调换

前言

在全面建设社会主义现代化国家新征程中，培养更多高素质技能人才是高职院校的一项长期而艰巨的任务。随着在线开放课程的建成以及推广，越来越多的学习者可以整合碎片化的时间再学习、再提升。"外贸跟单操作"作为国际经济与贸易专业的核心课程，以培养更多高素质技能人才为目标，已经建成在线开放课程。截至目前，该课程已经在中国大学MOOC、智慧职教MOOC学院平台开放。本书既可以作为"外贸跟单操作"在线开放课程配套的新形态一体化教材，也可以作为高职院校国际经济与贸易专业相关课程的配套教材。教材编写团队在编写过程中，注重体现爱国、敬业、诚信、友善等核心价值观，坚持"科学严谨、项目导入、任务驱动、边学边做"的理念，根据学习者的特点，深入浅出、图文并茂地设计任务内容，以扩充学习者的知识储备、提升学习者的能力与素养。

本书的特色有如下几点：

第一，实现慕课平台与新形态教材的联动。本课程慕课数字资源已经基本建设完成，包含原创教学视频、相关文档、习题库以及其他资源。学习者在使用教材时，扫描书本上的二维码，就可进入相应慕课平台，及时灵活地使用包括课程标准、教学设计、微课、动画、视频、课件、习题、实训、案例等类型丰富的数字化资源。

第二，配备内容更加丰富。本书涉及服装和铸件两大类产品，包含衬衫、夹克、T恤、拖鞋、铸件等多份合同，配备内容丰富。课题组会不定期更新在线课程和资源库内容，让学习者获得更丰富的课程资源。

第三，素材更加真实，任务驱动更加贴近学习者的兴趣。书中的素材取自真实企业的外贸跟单工作，由教材编写团队根据岗位要求进行系统化设计和完善。

本书由孙春媛、胡坚达任主编。本书具体编写分工如下：前置项目由孙春媛、胡坚达编写，项目一、二由宁波城市职业技术学院孙春媛、李浩妍编写，项目三、四由宁波城市职业技术学院吴琼芳、潘晓霞编写，项目五由宁波城市职业技术学院胡坚达、浙江金融职业学院范越龙编写，项目六由宁波城市职业技术学院孙春媛、阮海燕、符建利编写。本书在编写过程中还得到了宁波市鄞州顺达船舶机械有限公司徐挺经理、宁波茵莱斯国际贸易有限公司陈琼经理、宁波三河文具礼品有限公司王继金经理的指导和帮助，他们为本书提供了丰富的案例支持，再次表示感谢。

由于编者学识有限，书中难免存在疏漏不足，恳请各界人士批评指正。

在线开放平台一：中国大学 MOOC（www.icourse163.org）

在线开放平台二：智慧职教 MOOC 学院（mooc.icve.com.cn）

目录

前置项目　跟单与跟单员 ... 1
- 任务一　你眼中的跟单员 ... 2
- 任务二　你眼中的跟单工作 ... 6

项目一　选择国内供应商 ... 15
- 任务一　审查订单之国内供应商 ... 21
- 任务二　寻找待选企业 ... 24
- 任务三　操作演示 ... 28
- 任务四　确定国内供应商 ... 33
- 任务五　签订加工合同或定作合同 ... 38

项目二　制作与寄送样品 ... 61
- 任务一　审查订单之样品 ... 62
- 任务二　典型小样的制作 ... 64
- 任务三　分析打样工艺单 ... 69
- 任务四　样品的后期处理 ... 72

项目三　采购原材料 ... 86
- 任务一　审查订单之原材料 ... 89
- 任务二　制作采购单 ... 90
- 任务三　跟踪原材料 ... 96

任务四　检验并确认原材料 ·············· 97

项目四　管控生产进度 114
　　任务一　落实生产 ·············· 115
　　任务二　跟踪生产进度 ·············· 118
　　任务三　生产过程的质量监控 ·············· 122

项目五　监控大货质量 132
　　任务一　审查订单之产品质量要求 ·············· 134
　　任务二　跟踪大货产品的质量检验 ·············· 137

项目六　落实大货运输与包装 151
　　任务一　审查订单之包装条款 ·············· 153
　　任务二　选择合适的包装材料 ·············· 156
　　任务三　确定包装标志并检查包装 ·············· 159
　　任务四　确定订舱数量 ·············· 161
　　任务五　落实大货运输 ·············· 164

参考文献 ·············· 192

前置项目　跟单与跟单员

 培养目标

知识目标

了解跟单与外贸跟单员的含义；
掌握外贸跟单的类型；
了解外贸跟单员与其他外贸岗位的关系；
理解外贸跟单员工作的基本素质要求；
掌握跟单的工作流程。

能力目标

能处理好外贸跟单员与相关岗位的关系；
能分析优秀的外贸跟单员的基本素质要求；
能有效沟通；
能根据岗位要求安排跟单工作。

素质目标

真诚热情，善于沟通；
诚信敬业，团队合作。

 项目导入

宁波诚通进出口贸易公司（以下简称宁波诚通公司）成立于2000年，产品远销欧洲、美洲、亚洲、非洲等多个国家和地区。公司的客户群体广泛而稳定，均是国内外专业公司，拥有三家工厂，是一家信誉卓著、朝气蓬勃的工贸型企业。公司通过SGS及ISO 9001：2008认证体系，并严格按照认证体系进行管理、生产。公司经营的产品包括服装、箱包、日用品、礼品、五金铸件等上百种产品。

公司网址：http：//www.chengtong.com

公司联系电话：+86－574－87418800/87418801

传真：+86－574－87418801/87418802

公司地址：浙江省宁波市鄞州区学府路9号创业园区　邮编：315100

公司E－MAIL：sales@chengtong.com 或 chengtong@vip.163.com

宁波诚通公司因业务扩展，需要招聘若干名外贸跟单员。其职位描述如下：

外贸跟单员

大专及以上学历,年龄不限,性别不限,全职,"五险一金",工资面议。

职责描述:

1. 熟悉外贸业务流程,主要负责客户下单跟进、生产跟进、包装跟进、出货跟进等一系列的流程操作。
2. 承担与业务、采购、单证等部门及供应商的沟通、协调工作,跟进订单生产、检验、订舱、出货进度。
3. 跟工厂保持沟通,协助处理异常情况。
4. 认真完成领导交办的其他工作任务。

任职要求:

1. 大专及以上学历,英语四级,国际经济与贸易、商务英语类相关专业者优先考虑。
2. 一年以上外贸跟单工作经验。
3. 较好的计算机操作水平,熟练操作各类办公软件(特别是Excel等常用工具)。
4. 做事踏实认真,性格开朗,有责任心,能吃苦耐劳,有团队合作意识。

工作地点:宁波/需出差。

工作时间:周一至周五。

你可能是一名正在国际经济与贸易专业或相关专业学习的学生,你也可能是已有一定社会经验并且想从事外贸跟单工作的社会人员。如果你对宁波诚通公司的外贸跟单工作有一定兴趣,那么你要如何达到该岗位的聘用要求,如何完成与供应商等部门的沟通任务?前置项目—跟单与跟单员,将帮助你认知跟单岗位和外贸跟单员的工作内容。

任务一 你眼中的跟单员

同学们,当你们踏入大学校园,在国际经济与贸易专业学习的时候,你们是否对未来的职业有过想法,有过规划?你们是否听说过外贸业务员、外贸跟单员、外贸单证员?当你们听到"外贸跟单员"时,你们是否明白它是干什么的?它与外贸业务员、外贸单证员或者其他岗位之间的关系是怎样的?同学们请先来思考这样几个问题:

思考一：以浙江省为例，浙江省对外贸跟单员的需求是什么？
思考二：外贸跟单员的就业前景如何？
思考三：外贸跟单员与其他外贸岗位之间的关系如何？
思考四：外贸跟单员需要具备哪些基本素质？

一、浙江省对外贸跟单员的需求

据海关统计，2019年浙江省外贸取得重大突破。如图0-1所示，浙江省进出口总值首次突破3万亿元大关，达3.08万亿元，增长8.1%，占全国进出口总值的9.8%。其中，出口2.31万亿元，增长9.0%，占全国出口总值的13.4%；进口7 762.1亿元，增长5.8%，占全国进口总值的5.4%。

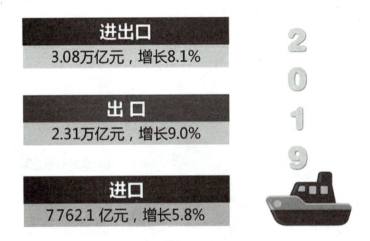

图0-1 2019年浙江省外贸进出口统计

如图0-2所示，2019年浙江省全年进出口、出口总量占全国份额均创历史新高。从增速看，浙江省全年进出口、出口增速列沿海主要外贸省市第1位，如图0-3所示，2019年浙江省进口增速前三名的城市有金华、丽水、舟山。

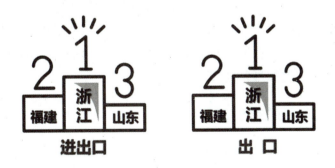

图0-2 2019年沿海主要外贸省市进出口与出口增速前三位

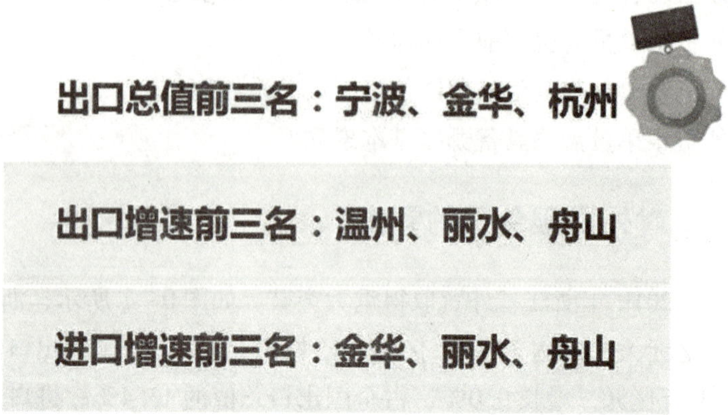

出口总值前三名：宁波、金华、杭州

出口增速前三名：温州、丽水、舟山

进口增速前三名：金华、丽水、舟山

图 0-3　2019 年浙江省出口总值、出口增速、进口增速前三城市

2019 年，浙江省进出口贸易中机电和高新产品出口比重上升，七大类劳动密集型产品出口均保持正增长，合计出口 8 117.8 亿元，增长 7.6%，其中，玩具出口增长 28.7%，如图 0-4 所示。

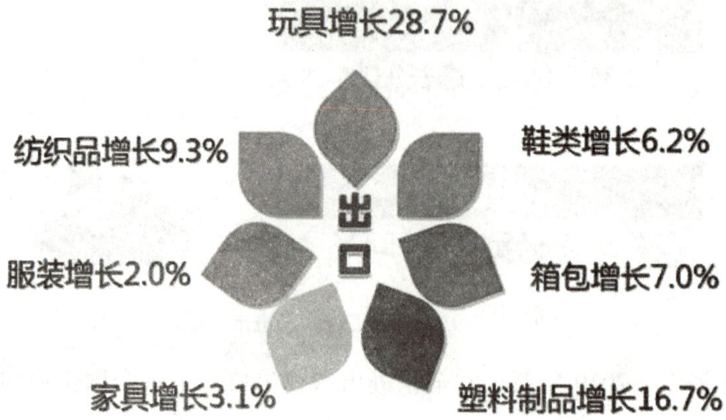

图 0-4　2019 年浙江省七大类劳动密集型产品出口情况

截止到 2019 年年底，浙江省有进出口记录的企业已达 82 960 家，一般情况下进出口额在 1 500 万美元以上的大型企业需要 15 名左右的外贸跟单员，中小型企业需要 2~3 名外贸跟单员。据统计，浙江省相关从业人员达 20 多万人。因此，从目前来看，浙江省对外贸跟单员的需求量还是相当大的。

二、外贸跟单员的就业前景

如果希望将来在外贸企业做管理工作，比较适合从外贸跟单员做起。在一个工厂里，相对而言，除外贸跟单员外，几乎所有的工作都是执行性质的，只有外贸跟单员的工作是计划性、管理性的，他要管内勤，做计划，管物控，管采购。一般来说，外贸企业的工作都是以客户和订单为中心展开的，作为统筹订单、跟踪订单的外贸跟单员,既是企业接单、跟单、出货的窗口,也是企业与市场、外贸业务员与外商之间联系的纽带。

对于国际经济与贸易专业的学生或者其他想从事外贸行业的人员来说,从外贸跟单员做起,可以熟悉产品出口的各个环节,同时也能积累处理相关事务的能力和与客户沟通的能力,从而促进自身更好地发展。

三、外贸跟单员与其他外贸岗位之间的关系

图0-5演示了一票出口货物的流程,从建立业务联系直到最后的国际收支网上申报、出口退税和结汇。整个过程中,外贸业务员需要掌握整个业务流程,但是外贸业务员主要负责建立业务关系、交易磋商和签订合同。当外贸业务员签订合同后,接单后的跟单任务就交给外贸跟单员。外贸跟单员是将订单变成产品的人,一般负责从接单后一直到出货、装上运输工具并后期协调的环节,整个过程中要与外贸业务员衔接,与报关报检员衔接,与货代员衔接,与单证员衔接。可以说,外贸跟单员需要与外贸

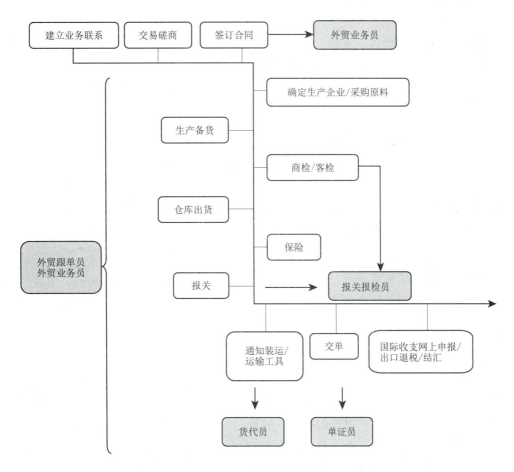

图0-5 出口货物流程

的其他岗位直接沟通并相互协调,是整个外贸业务开展的基础,是最关键的岗位。有些规模小的外贸企业,会把外贸跟单员与外贸业务员两个岗位合并,那么外贸跟单员就需要完成从建立业务关系到收汇的全部工作。

四、外贸跟单员需要具备的基本素质

以下是一般外贸公司会给出的外贸跟单员的任职要求。

* Pro-active, very well organized, enthusiastic communicator with proven analytical skills.
* Very careful and details-oriented but also big-picture visionary with ability to understand how teamwork shapes results.
* Good oral and written English.
* Fast learner and willing to learn.
* Honest, responsible and hard-working especially in busy seasons.
* Working experience over 1 year.

请同学们根据任职要求总结一下外贸跟单员需要具备的基本素质。如果你要成为一名优秀的外贸跟单员,需要具备哪些知识和能力?

任务二　你眼中的跟单工作

跟单是英文 walkthrough 的直译,涵盖从业务起始一直到业务结束(一般都是到财务做账结束)的一整套业务流程。"跟"指跟进、跟踪,"单"指企业中的外贸合同或订单。跟单就是跟着这些已经发生的业务所留下的证据(包含各种证据、单据、报表等)对业务流程重复模拟。关于跟单工作,请同学们思考以下问题:

思考一:跟单工作难不难?
思考二:外贸跟单的类型有哪些?

一、跟单工作的难度

在一般情况下,外贸企业的规模越小,跟单的难度越大。这个很好理解,越小的企业岗位越不会细分,需要面对的事情就越多。跟单的难度主要体现在同时处理多个订单,以及同时与多个部门进行沟通。一般情况下,一名跟单员要同时处理20~30个任务,哪个任务优先完成,各个任务之间的先后顺序如何,如何合理安排一天的不同时间段,等等,都需要非常好的规划。同时,跟单员要与不同的部门沟通,比如生产部门、采购部门、运输部门、检疫部门、海关及外商。

以下是外贸企业跟单工作的描述,同学们可以从中了解跟单工作的相应要求。

> Job description:
> * Checking orders according to ETD on PI.
> * Guide & help supplier to fulfill our order requirement if necessary.
> * Coordinate internal and external resources to avoid delay and poor quality.
> * Suppliers management.
> * Other tasks from shipment team and superior management.

二、外贸跟单的类型

根据不同的标准,外贸跟单可以分成不同的类型。

1. 按业务进程可分为前程跟单、中程跟单和全程跟单三大类,如图0-6所示。

前程跟单从业务开始跟到出口货物交到指定出口仓库为止;中程跟单从业务开始跟到清关装上运输工具为止;全程跟单从业务开始跟到货款到账,合同履行完毕为止。

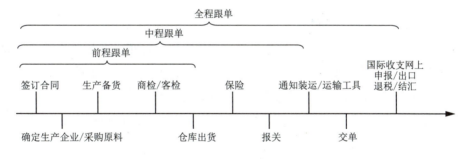

图0-6 外贸跟单类型(按业务进程)

2. 按企业性质可分为贸易型企业跟单和生产型企业跟单。

贸易型企业跟单是指外贸企业根据贸易合同的品质、包装和交货时间的规定,选择生产企业,进行原料跟单、生产进度跟单、品质跟单、包装的跟单,按时、按质地完成交货。

生产型企业跟单是指拥有外贸进出口经营权的生产企业根据贸易合同规定的货物品质、包装和交货时间等有关条款,进行原料跟单、生产进度跟单、品质跟单、包装跟单,按时、按质地完成交货。

3. 根据货物的流向分为出口跟单和进口跟单。

出口跟单是对出口贸易合同的履行进行部分或全部跟踪或操作。进口跟单是对进口贸易合同的履行进行部分或全部跟踪或操作。

知识要点

一、外贸跟单员概述

在中国经济的发展过程中，对外贸易扮演着重要角色。在对外贸易中，千千万万的外贸跟单员贡献着自己的力量。外贸跟单员是一个专职的岗位，是一个将订单变成具体产品的岗位。

（一）外贸跟单员的概念

外贸跟单员是指在进出口业务中，在贸易合同签订后依据合同或相关单证对货物生产加工、装运、保险、报检、报关、结汇等部分或全部环节进行跟踪或操作，协助履行贸易合同的外贸从业人员。外贸跟单员一词的英文表述有多种，最常使用"Documentary Handler"或"Quality Controller"两种表述，其中"Quality Controller（QC）"常见于人员招聘信息中。

（二）外贸跟单员的定位

外贸跟单员是协助外贸业务员（或部门经理）开拓国际市场、推销产品、协调生产和完成交货的业务助理，是连接外贸企业内各部门、外贸企业与生产企业、外贸企业与客户的桥梁。

（三）外贸跟单员的工作性质

外贸跟单员是业务员。他的工作不仅仅是被动地接受订单，而且要主动开拓业务，对准客户实施跟进，以达成订单为目标，即进行业务跟单。因此，跟单员要：

1. 寻找客户。通过各种途径寻找新客户，跟踪老客户。

2. 设定目标。主体目标：主要客户和待开发的客户。任务目标：工作着重点及分配的工作时间。

3. 传播信息。将企业产品的信息传播出去。

4. 推销产品。主动与客户接洽，展示产品，以获取订单为目的。

5. 提供服务。提供产品的售后服务及对客户的服务。

6. 收集信息。收集市场信息，进行市场考察。

7. 分配产品。产品短缺时先分配给主要客户。

外贸跟单员也是业务助理。他需要协助业务经理接待、管理、跟进客户，因此跟单员要：

1. 进行函电的回复。

2. 制作报价单。

3. 验签订单。

4. 填对账表。

5. 寄送与登记目录和样品。

6. 管理客户档案。
7. 接待来访客户。
8. 处理主管交办事项。
9. 与相关部门进行业务联系。

外贸跟单员还是协调员。跟单员需要跟踪客户所订产品，直到交货，即进行生产跟踪。跟踪的要点是生产进度、货物报关与装运等。因此，在小的外贸企业中，跟单员身兼数职，既是内勤员，又是生产计划员、物控员，还可能是采购员。在大的外贸企业，跟单员则代表企业的业务部门。

二、外贸跟单员的基本素质

（一）职业素质

外贸跟单员的职业素质主要包括以下方面：热爱社会主义祖国，自觉维护国家和企业的利益，关注国内外的政治经济形势，能正确处理好国家、集体和个人之间的利益关系，为对外经济贸易事业勤奋工作；遵纪守法、廉洁自律，不行贿、索贿和受贿，在对外经济交往中珍视国格和人格；严守国家机密，维护商业机密，自觉遵守外事纪律，遵守企业的各项规章制度；对本职工作认真负责，忠于职守；努力学习，勇于实践；积极开拓，锐意进取。

（二）能力素质

外贸跟单员的能力素质主要包括：综合业务能力、市场调研和预测能力、推销能力、写作能力和口头表达能力、社交协调能力。

（三）知识素质

知识素质是指外贸跟单员做好本职工作所具备的基础知识与专业知识。

1. 外贸跟单员的基础知识。

（1）了解我国对外贸易的方针、政策、法律、法规以及有关国家或地区的外贸政策。

（2）了解商品销往国家或地区的政治、经济、文化、地理及风俗习惯、消费水平。

（3）具备一定的文化基础知识，一般要求具有高中（包括中专、技校、职校）以上学历，具有一定的英语基础，会使用计算机的常用软件。

（4）具有一定的法律知识，了解合同法、票据法、经济法、外贸法律法规等，以及与外贸跟单员相关的法律知识，做到知法、懂法和用法。

2. 外贸跟单员的专业知识。

（1）掌握商品学的核心知识；熟悉所跟单产品的性能、品质、规格、标准（生产标准和国外标准）、包装、用途、生产工艺和所用原材料等知识。

（2）了解所属企业商品在国际市场上的行情，以及该商品主要生产国和进出口国家或地区的贸易差异，及时反馈信息给国内企业，指导其生产。

（3）熟悉国际贸易理论、国际贸易实务、国际金融、生产营销学及国际商务法律法规和有关国际惯例等专业知识；熟悉商检报关、运输、保险等方面的业务流程。

（四）管理素质

管理出生产力，管理出效益。是否具有良好的管理水平在很大程度上是衡量外贸跟单员是否称职的重要标准。外贸跟单员既是跟进订单的专职人员，也是业务员、经理或企业负责人的助手，因此，外贸跟单员应具备一定的管理素质和能力，即具备良好的合作意识，具有一定的组织、协调与决策能力。

三、跟单工作流程

下面以货物出口贸易合同为例，简述一般外贸企业出口贸易合同签约到整个合同完成的跟单流程。这里要注意的是，有时是合同签约后才开始寻找供应商或生产企业，有时是先确定供应商或生产企业，再进行合同的签订，因此其中的几个步骤不分先后，以下内容只阐述了一种情况下货物出口的跟单工作流程。

（一）选择供应商或生产企业

外贸企业选择国内合作的供应商或生产企业时，须注重考察其资信，是否具有生产能力，能否保证质量、按期交货，产品是否有对外贸易的竞争力，等等。

（二）推销企业产品出口

在这一过程中，跟单员的主要工作内容有：

1. 了解目标市场的需求特点和客户采购偏好。
2. 了解并掌握产品的主要性能、工艺、质量标准、原材料构成、生产周期等。
3. 了解并掌握产品的包装材料和包装方法。
4. 了解并掌握产品的装箱率、集装箱可装数量。
5. 掌握产品的价格和相关原材料价格。
6. 了解近期本币对外币的兑换价格及变化趋势，即汇率和变化趋势。

（三）建立对外业务关系，确定出口贸易对象

建立业务关系可以通过信函、电子商务、电子邮件、传真、参加国内外各种交易会和展览会、驻外使领馆、商会、企业名录、报纸杂志上的广告等途径搜寻或结识国外客户。

（四）洽谈业务

洽谈业务是指交易双方就某一种商品进行洽谈，内容包括价格及价格条件，货物的技术规格、包装，货款的支付方式和时间，运输方式，争议的解决方式和地点，货物数量，交货时间，保险，货物的检验标准和地点等。洽谈业务可以通过信件、传真、电子邮件等不见面的洽谈方式，也可以与客户见面洽谈。在洽谈业务前必须做好充分准备。

（五）签订对外合同

跟单员在这个阶段，通常是辅助外贸业务员做好以下主要工作：

1. 整理双方达成的事项内容。
2. 将客户的工艺单和要求转换为所属企业的制造工艺单。
3. 落实生产企业（车间），并完成确认样。
4. 检查确认样，将符合工艺单要求的样品寄送客户，等待确认消息。
5. 根据客户的确认意见，改进确认样，直至客户再次确认样品。
6. 做好合同项下订单生产前的一切准备工作等。

（六）买方开立信用证或支付定金

外贸合同中若确定是以信用证方式结算货款，卖方（出口方）在签订外贸合同后，应及时将"开证资料"（内容主要有出口方的开户银行名称、地址、SWIFT号码等资料）通知买方（进口方），买方应严格按照合同的各项约定按时开立信用证，这也是买方履约的前提。

卖方在收到买方开立信用证后，首先要根据合同审核信用证。在确认信用证中没有不可接受的条款后，开始投料生产。另外，卖方也可以在收到客户支付部分货款（通常是合同金额的20%~30%）定金后，投料生产。

（七）签订内贸采购合同

在确定生产企业后，需要对某个商品的生产规格、价格、数量、质量、交货期、付款时间等做出具体的约定，并以书面形式记载，由生产企业（供货方）和采购方（外贸公司）的法人或法人授权代表在合同上签字、盖章，以示合同生效。

（八）履行合同

这一期间跟单员需要做的主要工作有：测算企业实际生产能力、采购原材料、跟踪生产进度、检验产品质量等。

（九）商检（客检）与报关

当货物生产完成时，对于法定商检的货物，在备妥货物后，跟单员应向商品存放所在地的检验机构申请检验，海关对检验合格的商品签发相应的检验检疫证书，然后报关出运。经海关检验合格发给检验检疫证书或者放行单的出口商品，一般应在证单签发之日起两个月内装运出口，鲜活类出口商品应当在两周内装运出口。超过上述期限的应向海关重新报验，并交回原签发的所有检验检疫证书和放行单。

除国家商检外，还有买方到生产企业进行检验（简称客检）。对于合同约定由买方检验的，要提前联系买方，确定具体的检验日期。一般而言，经客检合格的商品，买方会出具客检证。不论是国家商检，还是客检，都是在生产完成并包装入箱后进行的。

（十）安排运输与保险

跟单员在这个阶段，应做好以下主要工作：

1. 物流运输的跟踪。在订单完成后，经过检验、报关等环节，货物按预定的舱位起运。由于货物运输多数是依靠集装箱运输的，跟单员必须了解集装箱尺寸，合理估算集装箱内货物装载量。

2. 报告最终可出口产品数量（包括外箱等包装数量）、体积、重量等数据，配合其他部门（如单证部、储运部）办理租（配）船订舱工作和保险事宜。

3. 如果是全程跟单，则须向货运代理或船务代理办理（配）船订舱，并在运输工具起运前完成保险事宜。在货船离港后，需向货运代理或承运人取得符合要求的运输单据。

（十一）制单结汇

在这一阶段中，跟单员必须了解交单议付所需单证的种类，从哪里能得到这些单证；有了单证之后，还需要对单证进行整理，为正确及时制作结汇单证创造条件。

（十二）国际收支网上申报与出口退税

国家外汇管理局、海关总署、国家税务总局决定，自2012年8月1日起在全国实施货物贸易外汇管理制度改革。取消出口收汇核销单，企业不再办理出口收汇核销手续，只需进行网上申报。国家外汇管理局分支局对企业的贸易外汇管理方式由现场逐笔核销改变为非现场总量核查。出口退税是指一个国家或地区对已报送离境的出口货物，由税务机关将其在出口前的生产和流通的各环节已经缴纳的国内税金（增值税、消费税）等间接税税金退还出口企业的一项税收制度。国际收支网上申报完成后，出口方可以凭增值税发票与商业发票在规定的时间内向税务机关办理退税手续。

课堂实训

请根据以下内容阐述跟单员的岗位职责和任职要求：

Job description:
* Checking orders according to ETD on PI.
* Guide & help supplier to fulfill our order requirement if necessary.
* Coordinate internal and external resources to avoid delay and poor quality.
* Suppliers management.
* Other tasks from shipment team and superior management.

Applicants profile:
* Pro-active, very well organized, enthusiastic communicator with proven analytical skills.
* Very careful and details oriented but also big-picture visionary with ability to understand how teamwork shapes results.
* Good oral and written english.
* Fast learner and willing to learn.
* Honest, responsible and hard-working especially in busy season.
* Working experience >2 years.

同步训练

一、单项选择题

1. 在下列英文缩写中，最接近外贸跟单员定义的是（　　）。
   A. DJ　　　　　　B. QC　　　　　　C. AQL　　　　　　D. P/O

2. 外贸跟单按照业务进程划分，跟到出口货物交到指定仓库为止的是（　　）。
   A. 前程跟单　　　B. 中程跟单　　　C. 全程跟单　　　D. 生产跟单

3. 跟单员小张在浙江某玩具制造公司从事玩具跟单工作。从跟单的分类来看，该跟单属于（　　）。
   A. 生产型企业跟单　　　　　　B. 全程跟单
   C. 出口跟单　　　　　　　　　D. 商品跟单

4. 外贸跟单按照业务进程划分，跟到出口货物装船清关为止的是（　　）。
   A. 前程跟单　　　　　　　　　B. 中程跟单
   C. 全程跟单　　　　　　　　　D. 生产跟单

二、判断题

1. 中程跟单是指跟到指定出口仓库为止。（　　）
2. 磋商谈判是外销员的工作，与外贸跟单员无关。（　　）
3. 审核信用证是单证员的工作，因此，跟单员不需要了解信用证的内容。（　　）
4. 全程跟单是指跟到货款到账，合同履行完毕为止。（　　）
5. 在外贸出口跟单中，按业务进程分前程跟单、中程跟单和全程跟单。（　　）
6. 对于需要法定商检的商品，必须在报关前完成商检手续。（　　）
7. 跟单中的"跟"是指跟进、跟随，跟单中的"单"是指合同项下的订单。（　　）
8. 对于业务（经理）员来说，外贸跟单员是协助他们开拓国际市场、推销产品、协调生产和完成交货的业务助理。（　　）
9. 外贸跟单员一词的英文表达可以是 Quality Controller。（　　）
10. 金融外汇与银行结算不属于外贸跟单员的知识范围，因此外贸跟单员不需要掌握这方面知识。（　　）

三、多项选择题

1. 关于跟单员的工作重点，以下说法不正确的是（　　）。
   A. 主要负责业务操作全过程
   B. 侧重于订单获取后对订单的执行跟踪和操作
   C. 负责处理相关如商检、运输、保险的单据事务
   D. 负责办理货物、运输工具、物品进出境时的商检事务

2. 跟单员的工作特点包括（　　）。
   A. 较高的责任心　　　　　　B. 协调与沟通
   C. 工作的综合复杂性　　　　D. 涉外性和保密性

3. 跟单员的知识构成包括（　　）。
A. 外贸基础知识　　　　　　B. 工厂生产与管理知识
C. 商品知识　　　　　　　　D. 车间机器的维修
4. 跟单员的能力素质包括（　　）。
A. 综合业务能力　　　　　　B. 推销能力
C. 书写能力和口头表达能力　D. 社交协调能力
5. 跟单员的基本素质包括（　　）。
A. 职业素质　　　　　　　　B. 能力素质
C. 知识素质　　　　　　　　D. 管理素质

项目一　选择国内供应商

★❚❚ 培养目标

知识目标

掌握寻找国内供应商的主要途径；
掌握实地考察供应商的基本方法；
掌握测算供应商生产能力的方法；
理解国内供应商选择的关键指标和注意事项；
掌握加工合同与定作合同的主要条款。

能力目标

能分析订单中关于国内供应商的要求；
能获取并整理供应商的相关信息；
能评估并确定最终的合作供应商；
能制作并签订加工合同和定作合同。

素质目标

认真仔细，善于沟通；
分析思考，有责任心。

★❚❚ 项目导入

背景一：

2020年3月10日，宁波诚通进出口贸易公司业务一部接到美国 TMR TEXTILES 公司的衬衫订单，内容如下：

PURCHASING　ORDER

BUYER: TMR TEXTILES, INC

TEL: 713 – 766 – 0869

FAX: 713 – 766 – 0869

ADDRESS: 5925 BRAESWOOD, HOUSTON, TX 77096

WEB: WWW. TMRTEXTILES. COM

SELLER: NINGBO CHENGTONG IMPORT & EXPORT TRADING COMPANY

TEL: +86 – 574 – 87418800/87418801

FAX: +86 – 574 – 87418801/87418802

ADDRESS: NO. 9 XUEFU ROAD, YINZHOU DISTRICT, NINGBO, ZHEJIANG, CHINA, 315100

E-MAIL: SALES@ CHENGTONG. COM

ORDER NO. : TX9086

DATE: 10 MAR, 2020

WE HEREBY PLACE AN ORDER WITH NINGBO CHENGTONG IMP. &EXP. CO. LTD. OF THE PRODUCTS AS FOLLOWS:

COMMODITY NAME	STYLE NO	QUANTITY	UNIT PRICE	AMOUNT
MEN'S GREY L/S SHIRT WITH LEFT CHEST HAVING EMB LOGO	DN32	10,000PCS	USD35.00/PC	FOB NINGBO USD350,000.00
	DN15	10,000PCS	USD35.00/PC	USD350,000.00
TOTAL		20,000PCS		USD700,000.00

MAIN LABEL: TMR POSITION; CENTER NECK BACK.

CARE LABEL: WITH CORRECT COMPOSITION AND DETAILED WASHING INSTRUCTION AT LEFT SIDE SEAM 7CM UP FROM HEM.

HANG TAG: TMR HANG TAG WITH TMR LOGO; POSITION: THROUGH MAIN LABEL.

PRICE TICKET: DETAILED INFORMATION WILL BE ADVISED LATER BY BUYER.

STYLE NO & SIZE	S	M	L	XL
DN32	2,500PCS	2,500PCS	2,500PCS	2,500PCS
DN15	2,500PCS	2,500PCS	25,00PCS	2,500PCS

TOTAL QTY: 20,000PCS.

PACKING: EACH TO BE PACKED IN A POLYBAG, 4PCS WITH ASSORTED SIZES IN A SMALL BOX AND THEN 5 BOXES TO AN EXPORT CARTON, PLEASE LAY PAPER OF SILK AT THE BACK OF THE SHIRT.

SAMPLE LEAD TIME: WITHIN 1 MONTH AFTER THE RECEIPT OF THIS ORDER.

DELIVERY TIME: WITHIN 2 MONTHS AFTER THE SELLER RECEIVES THE APPROVAL OF THE BUYER TO AGREE WITH PRODUCTION.

LATEST DATE OF SHIPMENT: WITHIN 60 DAYS AFTER THE SELLER RECEIVES THE 30% PAYMENT BY T/T.

TERMS OF PAYMENT: UPON RECEIPT FROM THE SELLERS OF THE ADVICE AS TO THE TIME AND QUANTIFY EXPECTED READY FOR SHIPMENT, THE BUYERS SHALL OPEN, 20DAYS BEFORE SHIPMENT, WITH THE BANK ACCEPTABLE FOR SELLER AN IRREVOCABLE LETTER OF CREDIT IN FAVOR OF THE SELLER PAYABLE BY THE OPENING BANK AGAINST SIGHT DRAFT FOR THE BALANCE.

PORT OF LOADING: NINGBO

PORT OF DISCHARGE: BOSTON

SAMPLE REQUIREMENT:

HANDLOOM: BEFORE MAR. 25, 2020 IN OUR OFFICE

APPROVAL SAMPLES: 3 PCS SIZE M BEFORE APR. 05, 2020 IN OUR OFFICE

PRE – PRODUCTION SAMPLES: 3 PCS SIZE M BEFORE APR. 15, 2020 IN OUR OFFICE.

SHIPPING SAMPLES FOR ALL SIZE, EACH FOR ONE PIECE BEFORE MAY. 31, 2020 IN OUR OFFICE.

ACCESSORIES FOR OUR APPROVAL BEFORE APR. 15, 2020.

FOR DETAILED PACKING INSTRUCTION, PLS FOLLOW OUR SEPARATE INSTRUCTION.

EMB COLOR, PLS REFER TO OUR ARTWORK.

ALL THE FABRIC AND EMB SHOULD BE AZO FREE. THE PRODUCTS MUST GET THROUGH SGS CERTIFICATION.

MEASUREMENT CHART IN CM.

DESCRIPTION/SIZE	S	M	L	XL
CHEST	80	90	100	110
NECK WIDTH	39	40	41	42
SLEEVE LENGTH	59	60	61	63
COLLAR HEIGHT	10	10	10	10
FABRIC/CONSTRUCTION	50% LINEN&50% COTTON 12×12			52×52

背景二:

2020年3月8日,宁波诚通进出口贸易公司业务二部接到加拿大START公司的一笔出口铸件订单,内容如下:

PURCHASING ORDER

ORDER NO.: CA3746

DATE: 8 MAR, 2020

BUYER: START CANADA, INC

TEL: 510 – 786 – 8088

FAX: 510 – 786 – 7707

ADDRESS: 24000 CLAWITER ROAD, HAYWARD, CA 94545

WEB: WWW. START. COM

SELLER: NINGBO CHENGTONG IMPORT & EXPORT TRADING COMPANY

TEL: +86 – 574 – 87418800/87418801

FAX: +86 – 574 – 87418801/87418802

ADDRESS: NO. 9 XUEFU ROAD, YINZHOU DISTRICT, NINGBO, ZHEJIANG, CHINA, 315100

E-MAIL: SALES@ CHENGTONG. COM

YOU ARE HEREBY REQUESTED TO PROVIDE THE FOLLOWING MATERIALS/SERVICES FOR THE PRICE LISTED BELOW.

1. DESCRIPTION: CC600 CASTINGS

PART # DESCRIPTION	UNIT	QUANTITY	PRICE	AMOUNT
CCS600 – C – D – TG	EA	1,800	USD39. 60	USD71,280
CCN600 – C – D – TG	EA	1,800	USD47. 88	USD86,184
			TOTAL	USD157,464

2. DELIVERY AND SCHEDULE

PART	QUANTITY	LEAD TIME
CCS600 – C – D – TG	1,800	SHIPPED TO NINGBO PORT BY 4/12/2020
CCN600 – C – D – TG	1,800	SHIPPED TO NINGBO PORT BY 4/12/2020

CHENGTONG MUST EMAIL START, AT LEAST ONE DAY BEFORE THE SHIPMENT IS DELIVERED TO THE PORT, THE COMMERCIAL INVOICE AND PACKING LIST FOR EACH CONTAINER INCLUDING PART NUMBER, QUANTITY, NUMBER OF PALLETS, AND WEIGHT. THIS EMAIL NEEDS TO INCLUDE MATERIAL TEST REPORTS DOCUMENTING CHEMICAL, MECHANICAL, PHYSICAL DIMENSIONS, ULTRASONIC TESTING (UT), MAGNETIC PARTICLE TESTING (MT), RADIOGRAPHIC TESTING (RT FOR FIRST ARTICLE) AND CHARPY TEST RESULTS. IN THE EVENT THAT

THIS DOCUMENTATION IS LATE AND CAUSES SHIPPING DELAYS, CHENGTONG WILL BE RESPONSIBLE FOR START'S PRODUCTION DELAY COSTS.

3. PRICING & PAYMENT TERMS

PRICING: THE USD PRICE FOR EACH CASTING BELOW CONTAINS FINISHED MACHINED, INSPECTED, AND PACKAGED CASTING DELIVERED FOB TO PORT OF NINGBO. THE TOTAL PART COST IS EQUAL TO THE COST OF THE BLANK CASTING PLUS THE MACHINING COST.

FINAL UNIT COST: AT THE TIME OF THIS PURCHASE ORDER THE UNIT COST HAS NOT BEEN FINALIZED. THE FINAL UNIT COST WILL BE DETERMINED BY THE AVERAGE NET WEIGHT OF EACH PART PLUS THE INSPECTION COST. CHENGTONG WILL SUBMIT TO START THE FINAL UNIT COST AND START MUST APPROVE,

THEN UPDATE THE PURCHASE ORDER CONTRACT. THE UPDATED CONTRACT MUST BE EXECUTED WITH THE FINAL PRICING

PART	WEIGHT(KG)	PRICE
CCS600 – C – D – TG	16.36	USD39.60
CCN600 – C – D – TG	18.75	USD47.88

PAYMENT: 30% OF TOTAL PO VALUE WILL BE PAID BY START TO CHENGTONG WITHIN 3 DAYS OF THE PO DATE THROUGH T/T. PAYMENT OF THE 70% BALANCE WILL BE PAID PER BILL OF LADING (B/L) WITHIN 45 DAYS AFTER EACH B/L PRODUCT REACHES THE NINGBO PORT.

4. INSPECTION

A. CHENGTONG WILL BE RESPONSIBLE TO SUPPLY THE CASTINGS FOR THE FIRST ARTICLE TESTING AT SGS.

B. 3RD PARTY INSPECTION:

START WILL PROVIDE 3RD PARTY INSPECTORS THROUGHOUT THE PROCESS AT CHENGTONG'S FACILITY.

5. MATERIAL

A. ALL MANUFACTURED CASTINGS MUST MEET THE MECHANICAL AND CHEMICAL REQUIREMENTS OF CAST STEEL GRADE SC8620 CLASS 80/50 AND SHALL BE IN ACCORDANCE WITH ASTM A958/A958M.

B. EACH CASTING MUST BE IDENTIFIED APPROPRIATELY WITH THE CORRECT HEAT, POURING, AND PART NUMBERS. THE PARTS MUST BE TRACEABLE TO MTR (MATERIAL TEST REPORT).

6. QUALITY

A. START CASTING REQUIREMENTS (APPENDIX C): ALL QUALITY PROCESSES OUTLINED IN THE CASTINGS REQUIREMENTS (APPENDIX C) WILL BE FOLLOWED AND DOCUMENTED BY CHENGTONG.

B. VENDOR QUALITY MANUAL/PROCESS: VENDOR MUST SUBMIT THEIR QUALITY MANUAL AND THEIR INSPECTION PLAN PROCESS TO START FOR REVIEW PRIOR TO COMMENCING MASS PRODUCTION.

C. HEAT TREATMENT PROCESS: CHENGTONG SHALL SUBMIT TO START THE HEAT TREATMENT PROCESS FOR APPROVAL PRIOR TO COMMENCING MASS PRODUCTION.

D. WELD REPAIR PROCESS: CHENGTONG SHALL SUBMIT TO START THEIR INTERNAL WELD REPAIR PROCEDURE FOR APPROVAL PRIOR TO COMMENCING MASS PRODUCTION.

7. STANDARDS

A. ASTM A370-08A STANDARD TEST METHODS AND DEFINITIONS FOR MECHANICAL TESTING OF STEEL PRODUCTS.

B. ASTM A958 STANDARD SPECIFICATION FOR STEEL CASTINGS, CARBON AND ALLOY, WITH TENSILE REQUIREMENTS, CHEMICAL REQUIREMENTS SIMILAR TO STANDARD WROUGHT GRADES.

C. A 781/A 781M STANDARD SPECIFICATION FOR CASTINGS, STEEL AND ALLOY, COMMON REQUIREMENTS, FOR GENERAL INDUSTRIAL USE.

D. MSS SP-55-2011 QUALITY STANDARD FOR STEEL CASTINGS FOR VALVES, FLANGES AND FITTINGS AND OTHER PIPING COMPONENTS-VISUAL METHOD FOR EVALUATION OF SURFACE IRREGULARITIES.

E. A 488/A 488M-STANDARD PRACTICE FOR STEEL CASTINGS, WELDING, QUALIFICATIONS OF PROCEDURES AND PERSONNEL.

F. ASTM A609 / A609M-2012 STANDARD PRACTICE FOR CASTINGS, CARBON, LOW-ALLOY, AND MARTENSITIC STAINLESS STEEL, ULTRASONIC EXAMINATION THEREOF.

G. ASTM E709- STANDARD GUIDE FOR MAGNETIC PARTICLE TESTING.

H. ASTM A903 / A903M-99(2012) STANDARD SPECIFICATION FOR STEEL CASTINGS, SURFACE ACCEPTANCE STANDARDS, MAGNETIC PARTICLE AND LIQUID PENETRANT INSPECTION.

I. ASTM E94-04 (2010) STANDARD GUIDE FOR RADIOGRAPHIC EXAMINATION

J. ASTM E446-10 STANDARD REFERENCE RADIOGRAPHS FOR STEEL CASTINGS UP TO 2 IN. (50.8MM) IN THICKNESS.

K. OTHER STANDARDS REFERENCED WITHIN THE SPECIFIED STANDARDS.

8. PACKAGING

CHENGTONG SHALL PREPARE A FINISHED PRODUCT PALLET FOR START'S 3RD PARTY INSPECTOR, PRIOR TO SHIPPING MASS PRODUCTION PARTS.

THE PACKAGING MUST BE APPROVED BY START PRIOR TO SHIPPING. CHENGTONG CAN NOT CHANGE THE PACKAGE DESIGN ONCE APPROVED UNLESS CHENGTONG SUBMITS A REQUEST TO START IN WRITING AND START APPROVES THE PACKAGE DESIGN CHANGE.

任务一 审查订单之国内供应商

根据项目导入中的两个背景材料,外贸跟单员要重点分析订单中关于国内供应商的要求。

一、背景一服装订单国内供应商条款分析

背景一的服装订单由业务一部外贸跟单员小诚来跟进。小诚为了能够准确把握订单要求,将服装订单中涉及国内供应商的条款摘取出来,如下:

SELLER: NINGBO CHENGTONG IMPORT & EXPORT TRADING COMPANY

BUYER: TMR TEXTILES, INC (HOUSTON, USA)

1. COMMODITY NAME: MEN'S GREY L/S SHIRT WITH LEFT CHEST HAVING EMB LOGO.

2. QUANTITY: 20,000PCS.

3. LATEST DATE OF SHIPMENT: WITHIN 60 DAYS AFTER THE SELLER RECEIVES THE 30% PAYMENT BY T/T.

4. ALL THE FABRIC AND EMB SHOULD BE AZO FREE. THE PRODUCTS MUST GET THROUGH SGS CERTIFICATION.

紧接着,小诚认真仔细地将上述条款逐一进行了翻译,译文内容如下:

1. COMMODITY NAME:MEN'S GREY L/S SHIRT WITH LEFT CHEST HAVING EMB LOGO.

品名：男式灰色衬衫（L/S），左胸带有绣花标志。

2. QUANTITY：20,000PCS.

数量：20 000 件。

3. LATEST DATE OF SHIPMENT：WITHIN 60 DAYS AFTER THE SELLER RECEIVES THE 30% PAYMENT BY T/T

最迟装运时间：卖方收到30%货款后60天内装运。

4. ALL THE FABRIC AND EMB SHOULD BE AZO FREE. THE PRODUCTS MUST GET THROUGH SGS CERTIFICATION.

所有面料、绣花不能含有偶氮。产品应能通过SGS认证。

另外，此订单要求提供多类样品，合同签订时间是2020年3月10日，该订单的客户来自美国。

业务一部跟单员小诚确认上述条款无误后，初步拟定国内供应商的筛选要求，主要包括以下几个方面：

1. 有能力生产灰色衬衫，且生产的衬衫可以进行电脑刺绣。
2. 60天内能够完成20 000件产品的生产量。
3. 面料与绣花均不能含有偶氮而且产品应能通过SGS认证。
4. 能够完成各类样品的生产任务，注意合同订立时间与提供样品时间。
5. 供应商尽量选择与宁波诚通进出口贸易公司地理位置较近的区域。
6. 供应商有过欧美市场经验的优先考虑。

上述信息可以归纳为：能通过面料绣花的不含偶氮化合物测试，产品能通过SGS认证，月产量能达到10 000件以上，最好有过欧美男士衬衫制作经验的国内供应商。

二、背景二铸件订单国内供应商条款分析

背景二的铸件订单由业务二部外贸跟单员小通来跟进。小通为了能够准确把握订单要求，将铸件订单中涉及国内供应商的条款摘取出来，如下：

SELLER: NINGBO CHENGTONG IMPORT & EXPORT TRADING COMPANY
BUYER: START CANADA INC DATE:03/08/2020

1.

DESCRIPTION	UNIT	QUANTITY	WEIGHT (KG)	LEAD TIME
CCS600－C－D－TG	EA	1,800	16.36	SHIPPED TO NINGBO PORT BY 4/12/2020
CCN600－C－D－TG	EA	1,800	18.75	SHIPPED TO NINGBO PORT BY 4/12/2020

2. CHENGTONG WILL BE RESPONSIBLE TO SUPPLY THE CASTINGS FOR THE FIRST ARTICLE TESTING AT SGS.

3. MATERIAL: ALL PARTS MUST BE TRACEABLE TO MTR (MATERIAL TEST REPORT).

4. 3RD PARTY INSPECTION:

START WILL PROVIDE 3RD PARTY INSPECTORS THROUGHOUT THE PROCESS AT CHENGTONG'S FACILITY.

5. VENDOR QUALITY MANUAL/PROCESS: VENDOR MUST SUBMIT THEIR QUALITY MANUAL AND THEIR INSPECTION PLAN PROCESS TO START FOR REVIEW PRIOR TO COMMENCING MASS PRODUCTION.

小通认真仔细地将上述条款逐一进行了翻译，译文内容如下：

1.

货物描述	单位	数量	重量/千克	交货期
CCS600 – C – D – TG	件	1 800	16.36	2020年4月12日前宁波港装运
CCN600 – C – D – TG	件	1 800	18.75	2020年4月12日前宁波港装运

2. CHENGTONG WILL BE RESPONSIBLE TO SUPPLY THE CASTINGS FOR THE FIRST ARTICLE TESTING AT SGS.

诚通要负责提供SGS的首次铸件测试。

3. MATERIAL：ALL PARTS MUST BE TRACEABLE TO MTR（MATERIAL TEST REPORT）.

原材料：所有部件必须可追溯到材料测试报告。

4. 3RD PARTY INSPECTION：START WILL PROVIDE 3RD PARTY INSPECTORS THROUGHOUT THE PROCESS AT CHENGTONG'S FACILITY.

第三方检验：START会派第三方检验员检测诚通工厂的整个流程。

5. VENDOR QUALITY MANUAL/PROCESS：VENDOR MUST SUBMIT THEIR QUALITY MANUAL AND THEIR INSPECTION PLAN PROCESS TO START FOR REVIEW PRIOR TO COMMENCING MASS PRODUCTION.

供应商质量手册/流程：供应商必须在开始大规模生产之前提交其质量手册和检验计划流程，以供START公司审查。

小通确认上述条款无误后，初步拟定国内供应商的筛选要求，主要包括以下几个方面：

1. 熟悉原材料MTR流程。

2. 30天内能够完成1 200件铸件产品的生产量。

3. 供应商有专门的质检部门，熟悉产品的SGS认证流程。

4. 有过欧美市场铸件生产经验。

以上信息可以归纳为：具备 MTR \ SGS 相关经验，有自己的质检部门，能满足第三方检验员的随时抽查检测，月产量 7 吨以上，有过欧美市场铸件生产经验的国内供应商。

以上两个案例都是订单中有可能出现的关于供应商的要求，进口商关注的点集中在原材料、月产量、产品质量及 SGS 认证等方面。

任务二　寻找待选企业

一、寻找国内供应商的主要途径

外贸跟单员分析了客户订单中关于商品的要求，从中总结出国内供应商的初步筛选要求。接下来的任务就是寻找符合要求的国内供应商。跟单员一般通过以下途径寻找。

（一）产品展销会

寻找国内供应商，在前期比较有效的方法就是参加专业的产品展销会。参加的产品展销会一定要对口，在一般情况下产品展销会越专业越有效。

比如任务一中的服装订单，跟单员小诚就要非常留意浙江区块以及附近的服装类展销会，包含浙江纺博会（图 1-1）、中国（杭州）国际纺织服装供应链博览会

图 1-1　浙江纺博会主页

项目一　选择国内供应商

（图1-2）以及上海国际纺织工业展览会等（图1-3）。截至2020年，浙江纺博会已经举办20年，每年都汇集多家国内外知名企业，纺织行业内的各家协会，分享纺织行业最前沿的技术以及最新的机械设备，能辐射义乌及周边汇聚的多个纺织产业集群。中国（杭州）国际纺织服装供应链博览会，从2000年开办至今，已经发展成为华东地区首要纺织服装供应链博览会，其数据库已累积国内外合作品牌5 000多家，服装外贸公司20 000多家，大中型商场超市600多家，能辐射杭州及周边多个纺织服装产业集群。上海国际纺织工业展览会，自1984年开办以来，也一直不断谋求发展，聚集纺织时尚科技创新，不断探索纺织工业4.0、AI人工智能、物料与跨界创新以及环保等领域。

图1-2　国际纺织服装供应链博览会

图1-3　上海国际纺织工业展览会

（二）专业采购网站与行业网站

关注专业采购网站与行业网站也是寻找供应商的途径之一。专业采购网站主要包含阿里巴巴采购网、中国供应商（图1-4）、中国工厂网等。行业网站更多，比如中国

图1-4　中国供应商网

模具网（图1-5）、中国机械网、中国纺织网、五金商贸网、汽车配件网、塑料模具网等。任务一中的铸件订单，小通就可以在阿里巴巴采购网获取目标区块的多个铸件生产厂家。

图1-5 中国模具网

（三）传统媒体与新媒体

外贸跟单员也可以从广播、电视、报刊、广告牌、灯箱、车体等获取供应商信息，也可以从手机、数字电视、网络电视、博客、播客、视频、电子杂志等互联网新媒体以及楼宇电视、公交电视、地铁电视、列车电视、航空电视、大型LED屏等新媒体中获取供应商信息。任务一的服装订单，跟单员小诚可以微信关注国内纺织服装业影响比较大的报刊如《中国纺织报》《中国服饰报》等公众号，这些公众号汇集了丰富的信息资源。同时，小诚也可以向专业的论坛发寻求合作对象的帖子，包括福步外贸论坛、阿里巴巴外贸圈、环球外贸论坛等。

（四）产品区域集中地

产品的区域集中地是寻找供应商非常重要的一种途径，外贸跟单员一定要了解具体产品的区域集中生产地。任务一的服装订单，跟单员小诚确认浙江省服装区域集中地主要在杭州四季青。如果从全国范围看，广州、杭州、北京、武汉、常熟、石狮、郑州等也是服装区域集中地。涉及具体的产品来说，比如浙江的女装聚集地主要在杭州四季青，袜子主要在义乌、诸暨，领带主要在嵊州，拉链主要在义乌，童装主要在湖州，毛绒主要在慈溪，羊毛衫主要在桐乡，等等。

表1-1主要介绍了部分产品在浙江的区域集中地。

表1-1 浙江部分产品区域集中地

浙江省袜业商标品牌基地——义乌市	中国男装名城——瑞安市
中国无缝针织服装城——义乌市	中国童装名城——湖州市
中国线带名城——义乌市	中国衬衫之乡——义乌大陈镇
中国拉链产业基地——义乌市	中国针织之乡——义乌苏溪镇
中国袜子名城——诸暨市	中国领带名城——嵊州市
中国经编名城——海宁市	中国布艺名城——杭州市

续表

中国休闲服装名城——乐清市	中国毛绒名城——慈溪市
中国出口服装制造名城——平湖市	中国绗缝家纺名城——浦江县
中国家纺寝具名城——建德市	中国羊毛衫名城——桐乡市

注：资料来源于浙江纺博会

（五）同行、上下游行业或者朋友推荐

外贸跟单员可以联系长期合作的企业，也可以联系同行或朋友。在一般情况下，最理想的状态是长期业务合作的企业接单，因为彼此相对了解，对各自的产品特色、优势也较容易把握，同时日后的交货、付款等都能较顺利地完成。以任务一的服装订单为例，跟单员小诚应该首先联系与诚通公司长期合作的服装厂，如果合作服装厂产能不足，无法按期完成订单，就可以通过同行或者合作工厂的推荐，联系新的供应商。另外，也可以寻求货代业务员帮助。

二、供应商的信息整理

外贸跟单员小诚通过以上各种途径，最终寻找到符合服装订单要求的国内供应商，此时，小诚要将若干家符合要求的国内供应商的信息进行整理，信息整理内容如表1-2所示。

表1-2 供应商信息整理内容

公司名称	经营范围
联系方式	主要经营地点
注册资本	公司注册地
员工人数	公司成立时间
法定代表人/负责人	质量控制
主要客户与市场	研发部门人数
厂房面积	月产量

任务三　操作演示

一、服装订单的国内供应商的筛选操作

业务一部跟单员小诚负责任务一服装订单（任务一），针对服装订单他对国内供应商进行了一系列筛选。

小诚首先联系了宁波诚通公司的长期合作伙伴象山 GM 服装厂，但象山 GM 服装厂因为近期接单太多，产能不足，无法按期完成如此大批量的订单，同时坦诚表示没法达到国外客户要求的资质，因而没能接单。幸运的是在接洽过程中象山 GM 服装厂向小诚推荐了符合资质要求的宁波 HC 服装厂，并提供了宁波 HC 服装厂的联系方式及相关信息。小诚首先通过电话联系，请对方提供相关的公司基本信息。同时，小诚还登录对方网站，查询了解到一些信息，如表 1－3 所示。

表 1－3　宁波 HC 服装厂信息

公司名称	宁波 HC 服装厂	经营范围	各类服装生产与加工
成立时间	2002 年	注册地点	浙江省宁波市
注册资本	人民币 100 万元	主要经营地点	宁波奉化
员工人数	100 ~ 200 人	质量控制	内部；通过 ISO 9001 质量体系认证与 SGS 认证
主要市场	中国、日本、韩国及东南亚地区	研发部门人数	6 ~ 9 人
厂房面积	10 000 平方米	月产量	10 000 件

除宁波 HC 服装厂以外，小诚还通过登录公司网站和公众号、论坛等方式收集到了象山 DH 服装有限公司、杭州 SM 服装厂和宁波 FYD 服饰有限公司的基本信息，如表 1－4 ~ 表 1－6 所示。

表 1－4　象山 DH 服装有限公司信息

公司名称	象山 DH 服装有限公司	经营范围	各式服装及辅料生产加工及出口
成立时间	1999 年	注册地点	浙江省宁波象山市
注册资本	人民币 500 万元	主要经营地点	浙江
员工人数	200 ~ 300 人	质量控制	内部；通过 ISO 9001 质量体系认证与 SGS 认证
主要市场	中国及欧美	研发部门人数	20 ~ 30 人
厂房面积	60 000 平方米	月产量	30 000 件

表 1-5 杭州 SM 服装厂信息

公司名称	杭州 SM 服装厂	经营范围	各式服装及辅料生产加工及出口
成立时间	1997 年	注册地点	浙江萧山
注册资本	人民币 600 万元	主要经营地点	浙江
员工人数	600~700 人	质量控制	内部；通过 ISO 9001 质量体系认证与 SGS 认证
主要市场	中国、日韩及欧美	研发部门人数	25~40 人
厂房面积	66 000 平方米	月产量	100 000 件

表 1-6 宁波 FYD 服饰有限公司信息

公司名称	宁波 FYD 服饰有限公司	经营范围	各式服装生产加工和销售
成立时间	1990 年	注册地点	浙江宁波
注册资本	人民币 200 万元	主要经营地点	浙江宁波
员工人数	200~300 人；用工遵守劳动法，符合国际劳工标准	质量控制	内部；通过 ISO 9001 质量体系认证与 SGS 认证
主要市场	中国、欧美	研发部门人数	10~20 人
厂房面积	30 000 平方米	月产量	20 000 件

掌握了以上四家服装供应商的基本信息后，小诚开始着手比较分析它们的相关指标。

从注册资本分析，宁波 HC 服装厂只有 100 万元，而象山 DH 服装有限公司为 500 万元，杭州 SM 服装厂为 600 万元，宁波 FYD 服饰有限公司为 200 万元，后三者实力明显要比宁波 HC 服装厂强。

从厂房面积及员工人数等指标看，宁波 HC 服装厂也明显比不上象山 DH 服装有限公司、杭州 SM 服装厂和宁波 FYD 服饰有限公司。

虽然宁波 HC 服装厂距离较近，且由象山 GM 服装厂推荐，其资信也良好，但其全部的生产能力仅有 10 000 件/月，而诚通公司要求 20 000 件衣服在 2 个月内完工，这就要求宁波 HC 服装厂达到最大生产量，如果出现停工或临时插单等情况，宁波 HC 服装厂极有可能完成不了 20 000 件服装的生产。鉴于此，放弃宁波 HC 服装厂。从生产能力上来看，杭州 SM 服装厂规模最大，月产量最高，象山 DH 服装有限公司和宁波 FYD 服饰有限公司旗鼓相当；但宁波 FYD 服饰有限公司距离诚通公司较近，联系方便，同时宁波 FYD 服饰有限公司成立时间较长。一般而言，年限越长，积累的经验越多，内部管理机制就越健全。同时 FYD 公司主要出口欧美，对欧美订单应该更加熟悉。

综合以上考虑，小诚决定把宁波 FYD 服饰有限公司和杭州 SM 服装厂作为重点考虑对象，进行进一步筛选。为此小诚做了一份对比情况表（表1-7）向诚通贸易公司业务一部经理作了汇报。

表1-7 供应商对比表

项目公司	公司资本实力/万元	月产能/件	距公司来回车程/小时	欧美订单熟悉程度	经营时间	结论
宁波 HC 服装厂	100	10 000	2	不熟悉	10 年以上	把宁波 FYD 服饰有限公司和杭州 SM 服装厂作为重点选择合作企业
象山 DH 服装有限公司	500	30 000	3	熟悉	20 年以上	
杭州 SM 服装厂	600	100 000	4	熟悉	20 年以上	
宁波 FYD 服饰有限公司	200	20 000	1.5	熟悉	30 年以上	

业务一部经理同意小诚的选择，但特别提醒小诚：因为两家都是从未合作过的供应商，应该进行实地考察，以便核实信息是否属实，慎重选出最适合的企业并与之进行合作。

二、铸件订单的国内供应商的筛选操作

业务二部外贸跟单员小通负责任务一中铸件订单的国内供应商的筛选，小通根据订单要求（表1-8）通过采购网站寻找国内供应商。

外贸跟单员小通从铸件订单中总结出供应商筛选标准：月产量 7 吨以上，最好具备 MTR\SGS 相关经验，有专门的质检部门，具备欧美市场铸件生产经验。

表1-8 订单要求

商品描述	单位	数量	重量/kg	交货日期
CCS600-C-D-TG	个	1 800	16.36	2020 年 4 月 12 日前宁波港装运
CCN600-C-D-TG	个	1 800	18.75	2020 年 4 月 12 日前宁波港装运

首先进入阿里巴巴采购网首页（图1-6），选择"供应商"，输入"铸件"，页面就出现很多铸件生产供应商。页面上可以进行条件的筛选，比如选择"浙江区块""生产加工"，网站就会根据条件筛选出一大批铸件供应商。

从筛选出的供应商中点击企业名称，就可以从企业档案中获得经营范围、员工人数、成立时间、质量控制、主要客户和市场、研发部门人数、厂房面积以及月产量等信息。

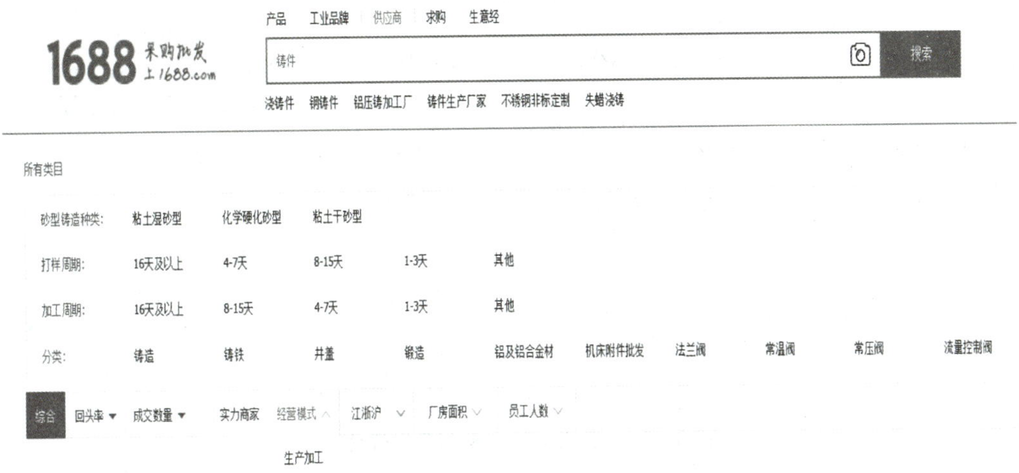

图 1-6 阿里巴巴采购网页

从众多的供应商中，外贸跟单员小通选出 4 家，并整理出其相关信息（表 1-9 ~ 表 1-12）。

表 1-9 宁波市 LX 机械制造厂信息

公司名称	宁波市 LX 机械制造厂	经营范围	金属制品、机械设备及配件、汽车配件、五金工具、电子产品的制造、加工等
成立时间	1993 年	注册地	浙江宁波
注册资本	人民币 300 万元	主要经营地点	宁波
员工人数	500 人	质量控制	内部控制
主要市场	全球	研发部门人数	10 人
厂房面积	40 500 平方米	月产量	1 500 吨

表 1-10 宁波 EW 机械有限公司信息

公司名称	宁波 EW 机械有限公司	经营范围	普通机械设备、机械配件、不锈钢制品、铝合金制品的制造、加工等
成立时间	2012 年	注册地	浙江宁波
注册资本	人民币 100 万元	主要经营地点	宁波
员工人数	50 人	质量控制	内部控制
主要市场	西欧、北美、日本等	研发部门人数	5 人
厂房面积	5 000 平方米	月产量	100 吨

表1-11 宁波RY铸造有限公司信息

公司名称	宁波RY铸造有限公司	经营范围	铸件、五金配件、塑料配件、密封件、电机及配件制造、加工等
成立时间	2004年	注册地	浙江宁波
注册资本	人民币500万元	主要经营地点	宁波奉化
员工人数	36人	质量控制	内部控制；RoHS
主要市场	中国	研发部门人数	7人
厂房面积	6 000平方米	月产量	350吨

表1-12 温州GH五金制品有限公司

公司名称	温州GH五金制品有限公司	经营范围	五金制品、压铸件、紧固件等制作
成立时间	2017年	注册地	浙江温州
注册资本	人民币30万元	主要经营地点	温州
员工人数	8人	质量控制	内部控制
主要市场	中国	研发部门人数	2人
厂房面积	100平方米	月产量	30吨

掌握了以上四家铸件供应商的基本信息后，小通开始着手比较分析它们的相关指标。

首先，从注册资本分析，温州GH五金制品有限公司只有30万元，而宁波市LX机械制造厂和宁波RY铸造有限公司分别为300万元、500万元，宁波EW机械有限公司为100万元，因此温州GH五金制品有限公司的实力最弱。

其次，从厂房面积及员工人数等指标看，温州GH五金制品有限公司也明显比不上宁波市LX机械制造厂、宁波RY铸造有限公司和宁波EW机械有限公司。

再次，从产能上看，四家公司都符合订单的要求，但是，温州GH五金制品有限公司是月产量最少的，宁波市LX机械制造厂产量最高，它是一家规模非常大的铸件生产商，不一定愿意接这样的小单。而宁波RY铸造有限公司和宁波EW机械有限公司的月产量虽少于宁波市LX机械制造厂，但是总体还是非常高的。另外，从公司的成立时间和对类似订单的熟悉程度来看，温州GH五金制品有限公司成立时间最短。一般而言，年限越长，积累的经验越多，内部管理机制就越健全。宁波市LX机械制造厂和宁波EW机械有限公司对此类客户订单比较熟悉，且考虑地域因素，宁波的供应商相对来说联系方便。

综合以上考虑，小通决定放弃温州GH五金制品有限公司和宁波RY铸造有限公司，将宁波市 LX 机械制造厂与宁波 EW 机械有限公司作为重点考虑的对象，进行进一步筛选，并做了一份对比情况表（表 1-13）向诚通公司业务二部经理作了汇报。

表 1-13 供应商对比情况

项目公司	注册资本/万元	月产能/吨	质量控制	员工人数/人	订单熟悉程度	成立时间
宁波市 LX 机械制造厂	300	1 500	内部	500	熟悉	1993 年
宁波 EW 机械有限公司	100	100	内部	50	熟悉	2012 年
宁波 RY 铸造有限公司	500	350	内部，RoHS	36	不熟悉	2004 年
温州 GH 五金制品有限公司	30	30	内部	8	不熟悉	2017 年

业务二部经理特别提醒小通，宁波市 LX 机械制造厂规模较大，要考虑其是否愿意接小单、价格如何，最终还是要在实地考察两家供应商并综合考虑价格等因素后，确定其中一家为铸件订单的最终合作供应商。

任务四　确定国内供应商

外贸跟单员通过各种途径寻找符合要求的国内供应商，并初步筛选出目标供应商。接下来，跟单员就要实地考察这些供应商，并确定最终合作对象。本内容以任务一的服装订单为例介绍。

一、考察宁波 FYD 服饰有限公司

（一）核实企业注册情况

小诚遵循就近原则，首先赶赴宁波 FYD 服饰有限公司考察，并准备重点核实以下几个方面：核实企业法人登记注册情况，了解企业生产与经营条件，测算企业实际生产能力，了解企业产品特色等。

小诚到该公司注册地宁波鄞州区后，核实了《企业法人营业执照》，确定了营业执照上显示的信息与其提供的网站信息完全一致，并且营业执照上加贴了宁波市工商局 2019 年的年检标签。此外，小诚之前已经通过向宁波市工商局查询，证实了该公司是经注册的合法公司。

（二）考察生产经营条件

因为国外客户要求生产企业经过 SGS 认证，为此小诚查看了该公司由 SGS（瑞士日内瓦通用鉴定公司）颁发的认证证书。

（三）掌握企业生产能力

FYD 公司在接待小诚时表示公司目前同时在做好几个订单，考虑到是新客户，为长远合作着想，可以腾出一半的车间来做诚通公司的订单，如果发生意外情况可以暂时停做其他单子，保证按期完工。

通过核实 FYD 公司服装生产车间的生产设备及员工人数，小诚估算 FYD 公司一半生产车间的产能大概在平均每工时 50 件左右。按 FYD 公司的员工人数一天可排两个班次，一周常规的工作时间是 5 天，每天两个班次工作 8 小时。按照以往经验数据工作时间目标约为 90%（有效工作时间），产品合格率按经验为 95%。为此，小诚计算了该公司的理想产能、计划产能和有效产能，以分析其是否具备在 8 周内生产完成 20 000 件衣服的生产能力。

FYD 公司的理想产能，按每个班次工作 12 小时，每周工作 7 天来算：

FYD 公司的理想产能 = $12 \times 2 \times 7 \times 8 \times 50 = 67\ 200$ 件 > 20 000 件（订单数量）

FYD 公司的计划产能，按每个班次工作 8 小时，每周工作 5 天来算：

FYD 公司的计划产能 = $8 \times 2 \times 5 \times 8 \times 50 = 32\ 000$ 件 > 20 000 件（订单数量）

FYD 公司的有效产能，按每个班次工作 8 小时，每周工作 5 天来算，考虑工作时间百分率和产品合格率来算：

FYD 公司的有效产能 = $8 \times 2 \times 5 \times 8 \times 90\% \times 95\% \times 50 = 27\ 360$ 件 > 20 000 件（订单数量）

显然 FYD 公司的有效产能是可以满足生产需求的。此外，FYD 公司另外一半车间还存在生产弹性。因此就产能而言，FYD 公司符合诚通公司的要求。

（四）了解公司产品特色与生产工艺

为了保障工厂所生产的产品与诚通公司所采购的产品完全一致，小诚准备重点察看 FYD 公司的产品特色和生产工艺。因此，在 FYD 公司业务员的带领下，小诚参观了 FYD 公司的样品陈列室，对 FYD 公司以前生产的服装留样进行查看。小诚发现 FYD 公司生产的外贸服装以针织类、梭织类的衬衫、裤子居多，与此次采购的产品非常对口。另外，从留样来看，做工和材质都比较令人满意。

（五）制作验厂报告

通过以上工作，小诚从法人登记注册信息、公司资本实力、生产经营能力，生产环境，员工待遇以及生产资质等方面对 FYD 公司作了全面而深入的分析，在实地考察的基础上制作了验厂报告（表 1－14）以供业务经理参考。

表1-14　宁波FYD服饰有限公司验厂报告

公司名称	宁波FYD服饰有限公司		
企业类型	中外合资企业	法定代表人/负责人	陈一一
注册资本	人民币200万元	公司注册地	浙江省宁波市
员工人数	200~300人	公司成立时间	1990年
年营业额	人民币8 000万~9 000万元	主要经营地点	浙江省宁波市
主要市场	中国、欧美	质量	内部；通过ISO 9001质量体系认证与SGS认证
年出口额	人民币5 000万~6 000万元	研发部门人数	10~20人
厂房面积	30 000平方米	月产量	20 000件
联系电话	0574-88122888	传真	0574-88122889
地址	浙江宁波市鄞州区机场路9号	邮编	315000
主营业务	各类服装的生产加工和销售	专营	服装生产加工
服装生产设备	200套（自动裁床；缝纫机；整烫设备等）	设备使用时间	2016年新设备投入使用，维护良好
雇员管理情况	1. 是否雇用童工、强迫性劳动		否
	2. 是否按国家法律或地方法规定付给员工工资，并高于最低生活保障		是
	3. 是否有三个月所有员工的工资记录		有
	4. 是否有近三个月所有员工的工卡记录		有
	5. 工作时间		5天/周 8小时/天
	6. 是否存在男女工同工不同酬		否
	7. 加班是否有加班工资		有
	8. 是否有正规的请假制度，是否有请假记录		有
生产安全防范情况	1. 是否有有效的消防设备及逃生防护设备		有
	2. 是否有紧急疏散指示灯及应急照明灯		有
	3. 是否有最近一年期限内由消防部门颁发的消防审核证书		有
	4. 工厂每层楼两端是否都有紧急逃生出口		有
	5. 全部灭火器是否都在有效期内		是
	6. 工厂是否干净清洁		是
	7. 工厂是否有足够的通风设施		是

续表

生产计划与控制	1. 生产排期表（未来6个月的接单明细表）	有
	2. 各部门的生产日报表	有
	3. 各工序生产计划表	有
品质管理情况	1. 有无质量检验部门，是否按规定执行质检工作	有，在执行
	2. 有无质检总监负责质检部门全部工作	有
	3. 产品质量检查是否是随机抽样	是
	4. 工厂是否有区分颜色的灯箱	有
	5. QC数量比例占整个工厂工人总数的比例为多少	10%
	6. 是否有做断针检测和记录	有
	7. 有无产前测试报告及成品批验测试报告	有
	8. 对进来的布料是否抽查？片子是否全部检查？是否有书面记录？衣片和布抽查比例是否大于10%	有，是
	9. 拉布是否有专门设备	有

二、实地考察杭州 SM 服装厂

小诚奔赴杭州考察了杭州 SM 服装厂。小诚对企业法人登记注册情况、企业生产经营能力、实际生产能力以及产品特色、生产工艺等方面作了核实，对公司的各项硬件指标都比较满意。但由于该公司的规模较大，各项成本费用相对较高，另外小诚从工厂了解到该公司近期的订单量都比较大，可能会出现工价较高、临时插单等现象。同样，小诚根据实际情况制作了验厂报告（表1-15），并把自己的想法与业务经理进行了沟通。

表1-15 杭州 SM 服装厂验厂报告

公司名称	杭州 SM 服装厂		
企业类型	有限责任公司	法定代表人/负责人	吴天
注册资本	人民币600万元	公司注册地	浙江萧山
员工人数	600~700人	公司成立时间	1997年
年营业额	人民币1亿~2亿元	主要经营地点	浙江省杭州市
主要市场	中国、日本、韩国及欧美	质量	内部；通过 ISO 9001 质量体系认证与 SGS 认证
年出口额	人民币8 000万元以上	研发部门人数	25~40人
厂房面积	66 000平方米	月产量	100 000件
联系电话	0571-65789008	传真	0571-65789009
地址	浙江杭州市上城区白云路11号	邮编	310008

续表

主营业务	各类服装的生产加工和销售	专营	服装生产加工
服装生产设备	1 000 套（自动裁床；缝纫机；整烫设备等）	设备使用时间	2017年新设备投入使用，维护良好
雇员管理情况	1. 是否雇用童工、强迫性劳动		否
	2. 是否按国家法律或地方法规定付给员工工资，并高于最低生活保障		是
	3. 是否有三个月所有员工的工资记录		有
	4. 是否有近三个月所有员工的工卡记录		有
	5. 工作时间		6天/周　8小时/天
	6. 是否存在男女工同工不同酬		否
	7. 加班是否有加班工资		有
	8. 是否有正规的请假制度，是否有请假记录		有
生产安全防范情况	1. 是否有有效的消防设备及逃生防护设备		有
	2. 是否有紧急疏散指示灯及应急照明灯		有
	3. 是否有最近一年期限内由消防部门颁发的消防审核证书		有
	4. 工厂每层楼两端是否都有紧急逃生出口		有
	5. 全部灭火器是否都在有效期内		是
	6. 工厂是否干净清洁		是
	7. 工厂是否有足够的通风设施		是
生产计划与控制	1. 生产排期表（未来6个月的接单明细表）		有
	2. 各部门的生产日报表		有
	3. 各工序生产计划表		有
品质管理情况	1. 有无质量检验部门，是否按规定执行质检工作		有，在执行
	2. 有无质检总监负责质检部门全部工作		有
	3. 产品质量检查是否是随机抽样		是
	4. 工厂是否有区分颜色的灯箱		有
	5. QC数量比例占整个工厂工人总数的比例为多少		10%
	6. 是否有做断针检测和记录		有
	7. 有无产前测试报告及成品批验测试报告		有
	8. 对进来的布料是否抽查？片子是否全部检查？是否有书面记录？衣片和布抽查比例是否大于10%		有，是
	9. 拉布是否有专门设备		有

任务五　签订加工合同或定作合同

一、加工合同与定作合同

外贸跟单员选择的供应商有两种情况：一种是供应商只负责加工不负责原材料的采购，此时出口方与供应商签订加工合同；另一种是供应商既负责原料采购也负责加工，此时出口方与供应商签订定作合同。

（一）加工合同

加工合同，是指承揽人根据定作人要求的品种、数量、质量及规格等内容，使用定作人提供的原材料，利用自己的设备、劳动为其加工特定的产品，定作人给付报酬的协议。有时，定作人提供大部分原材料，由承揽人负责部分辅助材料。其特点为定作人提供全部或大部分原材料，承揽人收取的报酬基本为加工费。

加工合同通常包括如下内容：合同的双方当事人，合同签订的时间和地点，加工的内容（包括品名、规格、数量、单价和总价），交货与运输（包含交货时间、地点、交货方式、运输方式），原材料的数量与质量、加工费与付款方式，质量要求与包装要求，违约责任，等等。

加工合同　　　　编号：

甲方：　　　　　　　　　　　乙方：
地址：　　　　　　　　　　　地址：
电话：　　　　　　　　　　　电话：

双方开展来料加工业务，经友好协商，特订立本合同。

第一条　加工内容

甲方向乙方提供　　　　　　所需的原材料（规格：　　　　　　），乙方将甲方提供的原材料加工成成品后交付甲方。

品名	规格	数量	加工费单价	金额
合计				

第二条　交货

甲方在　　　　　前向乙方提供　　　　　原材料，并负责运至乙方公司指定仓库交付乙方；乙方在　　　　　将加工后的成品　　　　　负责运至　　　　　交付甲方。

第三条　来料数量与质量

甲方提供的原材料须含5%的备损率，并符合工艺单的规格标准。如甲方未能按时、按质、按量提供乙方应交付的原材料，乙方除对无法履行本合同不负责外，还得向甲方索取停工待料的损失。

第四条　加工数量与质量

乙方如未能按时、按质、按量交付加工产品，应赔偿甲方所受的损失。

第五条　加工费与付款方式

第六条　运输

乙方将成品运交甲方指定的地点，运费由甲方负责。

第七条　不可抗力

由于战争和严重的自然灾害以及双方同意的其他不可抗力引起的事故，致使一方不能履约时，该方应尽快将事故通知对方，并与对方协商延长履行合同的期限。由此而引起的损失，对方不得提出赔偿要求。

第八条　仲裁

本合同在执行期间，如发生争议，双方应本着友好方式协商解决。如未能协商解决，提请中国宁波仲裁机构进行仲裁。

第九条　合同有效期

本合同自签字之日起生效。本合同正本一式两份，甲乙双方各执一份。

本合同如有未尽事宜，或遇特殊情况需要补充、变更内容，须经双方协商一致。

甲方：（盖章）　　　　　　　　乙方：（盖章）

法人代表：　　　　　　　　　　法人代表：

　　年　月　日　　　　　　　　　年　月　日

（二）定作合同

定作合同是由承揽人根据定作人要求的品种、数量、质量及规格，使用自己的原材料、设备、劳动为定作人加工特定的产品，定作人给付相应报酬的协议。其特点是产品所需原材料全部由承揽人提供，定作人所付报酬包括加工费和原材料费。

定作合同通常包括如下内容：合同双方当事人信息，定作成品的内容（包括名称、规格、数量、单价和总价），交货（包括交货期、交付方式和交货地点），质量要求和验收方法，不合格品的处理，包装与运输，违约责任，等等。

定作合同与加工合同的区别主要在于哪方提供原材料。原材料由定作人提供则为加工合同，反之，原材料由承揽人提供则为定作合同。不管是加工合同还是定作合同，两者的依据都是外商订单，外贸跟单员应该依据外商订单与供应商订立加工合同或定作合同。签订加工合同或定作合同时，有关商品的要求包括品质、数量、包装等要与出口合同相符，有关价格、交货时间等要求要受到出口合同的制约。

二、服装订单的加工合同

下面还是以服装订单为例说明服装订单加工合同。外贸跟单员小诚实地考察了宁波FYD服饰有限公司和杭州SM服装厂，并问询了两家公司的报价：FYD公司DN32产品报价100元/件（加工费40元/件），而SM厂报价为108元/件（加工费50元/件）；FYD公司DN15产品报价95元/件（加工费40元/件），而杭州SM厂报价为100元/件（加工费50元/件）。通过进一步协商后，FYD公司愿意用更低廉的价格，在保证质量的前提下与诚通公司合作。而SM厂由于企业规模大、单子多，在小诚告知其有另外供应商出价更低的时候表现得没有耐心，表示公司的产品质量上乘，在价格上不肯作丝毫的让步。鉴于这种情况，小诚在与业务经理沟通后最终决定与FYD公司合作。

由于国外客户对于面料有特殊要求，因此，诚通公司决定自己采购衬衫面料，再由FYD公司进行产品加工。因此，在小诚与FYD公司的负责人联系沟通后，诚通公司与FYD公司签订了加工合同。

加 工 合 同

编号：CT20200322

甲方：宁波诚通进出口贸易公司

地址：浙江省宁波市鄞州区学府路

电话：0574-87418800

乙方：宁波FYD服饰有限公司

地址：浙江宁波市鄞州区机场路9号创业园区108号

电话：0574-88122888

双方开展来料加工业务，经友好协商，特订立本合同。

第一条　加工内容

甲方向乙方提供加工男式灰色衬衫20 000件所需的原材料（面料规格：50%亚麻和50%棉，12×12/52×52），乙方将甲方提供的原材料加工成成品后交付甲方。

品名	规格	数量	加工费单价	金额
男式灰色衬衫	DN32	10 000 件 （S、M、L、XL 各 2 500 件）	￥38.00	￥380 000.00
	DN15	10 000 件 （S、M、L、XL 各 2 500 件）	￥38.00	￥380 000.00
合计	人民币柒拾陆万元整			

第二条　交货

甲方在 2020 年 3 月 25 日前向乙方提供 36 000 米原材料，并负责运至乙方公司指定仓库交付乙方；乙方在 2020 年 5 月 25 日前将加工后的成品 20 000 件负责运至宁波北仑港口交付甲方。

第三条　来料数量与质量

甲方提供的原材料须含 5% 的备损率，并符合工艺单的规格标准。如甲方未能按时、按质、按量提供乙方应交付的原材料，乙方除对无法履行本合同不负责外，还得向甲方索取停工待料的损失。

第四条　加工数量与质量

乙方如未能按时、按质、按量交付加工产品，应赔偿甲方所受的损失。

第五条　加工费与付款方式

乙方为甲方进行加工的费用，每件人民币 38 元。甲方结汇后 45 天内向乙方支付全部加工费。

第六条　运输

乙方将成品运交甲方指定的地点，运费由甲方负责。

第七条　不可抗力

由于战争和严重的自然灾害以及双方同意的其他不可抗力引起的事故，致使一方不能履约时，该方应尽快将事故通知对方，并与对方协商延长履行合同的期限。由此而引起的损失，对方不得提出赔偿要求。

第八条　仲裁

本合同在执行期间，如发生争议，双方应本着友好方式协商解决。如未能协商解决，提请中国宁波仲裁机构进行仲裁。

第九条　合同有效期

本合同自签字之日起生效。本合同正本一式两份，甲乙双方各执一份。

本合同如有未尽事宜，或遇特殊情况需要补充、变更内容，须经双方协商一致。

甲方：（盖章）　宁波诚通进出口贸易公司　NINGBO CHENGTONG IMP&EXP TRADING CO.,LTD

乙方：（盖章）　宁波 FYD 服饰有限公司

法人代表：杨杨 2020 年 3 月 15 日	法人代表：FD 2020 年 3 月 15 日

知识要点

一、实地考察供应商的基本方法

外贸跟单员在初步了解企业生产经营能力及经营条件后，需要通过实地考察来正确判断一个企业的真实经营情况。实地考察供应商的方法可以借用我国中医在诊断病情中的"望""闻""问""切"四字口诀，落实好订单，保证按时、按质交货。

（一）望

"望"就是看。"望"主要是看供应商的负责人情况、供应商的背景、供应商的车间以及样品间等。一是通过"望"可以看到负责人的时间观念与行事作风，以此判断供应商接订单后的时间观念，以及按质按量完成的程度。二是通过"望"掌握供应商的基本信息。例如，核实供应商的登记注册信息。任何个人或组织都能到当地工商注册管理部门查询企业法人登记注册情况，这样可获得较为全面、真实的情况。比如通过企业的营业执照，可以获得企业的成立时间、名称、住所、法定代表人、注册资本、企业类型、经营范围、有效经营期限等事项。三是通过"望"分析供应商车间的产能以及生产工艺等情况。外贸跟单员通过实地考察判断生产企业的规模、生产企业的机器设备、企业的生产工艺、车间的管理及安全情况等是否达到出口商品的生产要求，是否符合客商的评估要求。四是通过"望"供应商的样品间，分析供应商是否生产过类似产品，是否有相关经验，等等。

（二）闻

"闻"就是听。"闻"主要是了解供应商的生产实力，主要是从各个方面了解企业处于行业中的何种地位，企业产品是成熟产品还是刚研制出来的新产品，企业在消费者中的口碑如何，企业的内部管理是否完善，企业的产品受市场欢迎程度如何，企业员工的精神面貌如何，企业管理层变更情况，等等。在信息非常发达的今天，企业无法完全垄断信息，外贸跟单员可以通过当地新闻、广播、报纸、互联网等各种媒体及周边企业了解这家企业的经营情况。

（三）问

"问"主要是调查供应商的管理水平。询问的对象可以是企业的业务员、管理人员、生产员工，也可以是企业管理的高层或其他相关部门。向其了解企业发展目标（战略目标），以判断企业制定的发展目标是否符合国家的产业政策，是否符合企业的实际情况；了解企业投资策略，以判断企业投资业务是否过于分散，投资业务比重是否过大，是否过度扩张，等等。

（四）切

"切"就是判断。外贸跟单员在选择生产企业的过程中，还要运用"切"这个手段来进行最后的补充，是在"望""闻""问"的基础上做出正确的判断，"切"尤为重要。例如，外贸跟单员在解读企业的营业执照、财务审计报告、损益表、资产负债表等财务报表和实地考察的基础上，可做出正确的判断。再如，外贸跟单员通过对生产企业的实地了解，可以测算生产企业实际生产能力，这对外贸公司保证按时、按质交货，显得尤为重要。

二、核实供应商的登记注册情况——营业执照

营业执照是工商行政管理机关发给工商企业、个体经营者的准许从事某项生产经营活动的凭证。核实营业执照上的供应商登记注册情况，是一项非常重要的工作。外贸跟单员可以要求供应商提供营业执照、税务登记证、组织机构代码证，确认其是否在有效期内、是否年检，也可以直接去当地工商注册管理部门查询。每年工商管理部门要对营业执照进行年检年审，加贴年检标签。如果外贸跟单员在查看营业执照时发现没有工商部门的年检标签，应当查明原因。外贸跟单员要十分重视这项基础工作，掌握供应商，特别是初次打交道供应商的工商注册登记情况，这对于真实了解其现状、核定其业务规模、降低经营风险等是非常必要的。

营业执照的格式由国家工商行政管理局统一规定，一般包括正副本、统一社会信用代码、名称、类型、住所、法定代表人、注册资本、成立日期、营业期限、经营范围等内容。

（一）核实营业执照的正本和副本

营业执照的正本和副本具有相同的法律效力。正本为悬挂式的，每个企业只核发一个，应当置于住所或营业场所的醒目位置，否则可能会受到行政处罚。副本为折叠式的，企业根据需要可以向登记机关申请核发多个。副本一般在外出办理业务等时使用，如办理银行开户、企业代码证、签订合同、参加诉讼等，副本复印件盖上企业行政公章就可以当原件用。

（二）核实统一社会信用代码

营业执照上出现"统一社会信用代码"说明企业的营业执照是有效的，没有的属于无效执照，必须到工商登记机关换发才能继续使用。统一社会信用代码是用18位阿拉伯数字或大写英文字母表示的，分别是1位登记管理部门代码、1位机构类别代码、6位登记管理机关行政区划码、9位主体标识码和1位校验码。

（三）核实企业法人的名称

一般情况下，公司制企业的名称是四段式，包括行政区划＋字号＋行业＋组织形式四段，但也有无行政区划和行业的特殊情况，这类公司要求较高，省以下工商局无法办理，必须向工商总局申请，但未必全部核准。公司制企业名称中的组织形式只能

从法定形式中选择，不能自拟；公司制企业和分支机构使用的组织形式是"有限公司""有限责任公司""股份有限公司""分公司"等。而合作社的组织形式必须是农民专业合作社。另外个体工商户的名称就比较多样化，可以称作"厂""店""馆""部""行""中心"等。

从营业执照上的法人名称可以获知很多信息。

1. 鉴别名称中的行政区划。

如浙江宁波某某有限公司，表明该公司在宁波市注册，但如果该企业地址不在宁波而在杭州市，外贸跟单员就得注意，需要到工商部门了解真伪，以防上当。

2. 鉴别名称中的行业、经营类型。

一般可根据企业名称判断是生产型企业还是贸易型企业。外贸跟单员需要认真了解该企业具体经营商品的内容，以防止与不熟悉产品的企业开展经营活动。

3. 鉴别名称中的组织形式。

"集团公司"一般规模大于"实业公司"；"实业公司"一般规模大于"有限公司"。"分公司"不是独立法人企业，需要由上一级法人企业授权经营。

（四）核实企业注册的公司住所

《公司登记管理条例》第十二条规定："公司的住所是公司主要办事机构所在地。经公司登记机关登记的公司的住所只能有一个。"目前的法律、政策条件下，住所可以与经营场所分离。登记住所未必是企业生产的场所，住所只是可供联系的地址。在一些地方的"集中办公区"等创新政策下，登记住所可以无人办公、无人生产。与这类企业打交道时，一定要慎重，因为这些企业出现交易风险的可能性较大。如果企业要搬家，更换住所，那一定要先准备好材料，到辖区登记机关办理变更住所登记。如果涉及跨登记机关，就要申请迁移登记。如果搬了家还没办变更登记，将受到列入经营异常名录的惩戒，甚至受到吊销的处罚。

外贸跟单员在核实企业住所时，如果出现以下几种情况，应该引起注意。

1. 营业执照企业注册地址与经营办公地址不一致。

凡出现不一致的，需要外贸跟单员认真查明原因。如有的企业近期搬新址，还来不及进行工商变更；如有的企业违法经营，有意搬离注册地。因此需要认真核实。

2. 对改变地址的企业要查明原因。

企业改变地址主要包括三种情况：（1）场地改变，条件改善。这种情况说明企业经营较好，想加快发展，扩大规模。（2）场地改变，规模缩小。这表明企业前一时期经营情况不好，正在进行规模收缩，对这类企业需要注意。（3）场地规模扩大。外贸跟单员不能被大规模投资的表象所迷惑，应认真评估该企业搬入新址的资金投入对企业正常经营所带来的资金压力。

（五）核实法定代表人、授权委托人

法定代表人是指依照法律或者法人组织章程规定代表法人行使职权的负责人。企

业的法定代表人是高级管理人员，对内是董事长、董事或经理，对外代表企业实施民事活动，其做出的行为，法律后果由企业承担。如果营业执照上记载是法定代表人的，表明是有独立法人资格的单位，如有限责任公司和股份有限公司。而营业执照上记载是负责人的，一般是无独立法人资格的单位，如分公司、个人独资企业等。在个体工商营业执照上，这一称谓是经营者。法定代表人也是代表企业法人根据章程行使职权的签字人。法定代表人的签字包括：符合企业法定代表人身份的承诺签字；企业文件、证件真实性的承诺签字；董事长成员、经理、监事任职证明的亲笔签字；产权人的签字；被委托人的签字；企业提交股东会议决议、董事会决议、章程修正案；等等。每一项签字都很重要，并且必须真实有效，并承担相应的法律责任。

外贸跟单员在工作中对于合同、订单等重要经营性文件的法定代表人或授权委托人的签字审核注意点：

1. <u>企业重要的经营性文件需要法定代表人签字及加盖公章</u>。不是法定代表人签字的，要由法定代表人的授权委托人签字并加盖公章。

2. <u>法定代表人变更时，要注意变更前后任法定代表人的有效签字权限及授权委托人签字权限</u>，防止出现各种问题。

3. <u>对业务中首次出现的合作企业法定代表人等有效签字印鉴，须做好复印、留底、备查工作</u>。因重要文件中签字不一致，可能会对本公司造成不可挽回的损失，需要外贸跟单员特别注意。在以后的业务中，每次业务往来需要核对印鉴，以防风险。

4. <u>认真对合同、订单等重要经营性文件的对方法定代表人或被委托人的签字笔迹真实性进行审查</u>。审查要点：对于同一次提交的文件、证件上的同一签字不一致；同一份文件中几个人的签字笔体都一样；同一姓名的不同文件的签字不一致；等等。需要认真与印鉴留底核对，查清原因，避免因此产生问题。

（六）核实注册类型

核实供应商注册类型是很重要的。与不同注册类型的企业合作，如果出现各类经营问题，所采取的措施是不同的。因为企业性质不同，对债务承担的责任不同。股份有限公司，每个股东以其认购的股份为限对公司承担责任，公司法人以其全部资产对其债务承担责任；有限责任公司的每个股东以其所认缴的出资额为限对公司承担有限责任，公司法人以其全部资产对公司债务承担全部责任；私营独资企业投资者对企业债务承担无限责任。

（七）核实经营范围

外贸跟单员需要关注供应商经营范围涉及的经营项目。经营范围的审查，可以判断企业是否已经取得相关经营资质或许可证。如果其没有经有关部门"许可经营项目"批准，或超一般经营项目范围开展业务，就不能与其从事未经许可经营项目和超一般经营项目范围的业务。

（八）核实注册资本与注册资金

注册资本是公司的登记机关登记注册的资本额，也叫法定资本。注册资本则反映的是公司法人财产权，所有的股东投入的资本一律不得抽回，由公司行使财产权。注册资本是出资人实缴的出资额的总和。注册资本非经法定程序，不得随意增减。

注册资金是国家授予企业法人经营管理的财产或者企业法人自有财产的数额体现。注册资金所反映的是企业经营管理权；注册资金是企业实有资产的总和。注册资金随实有资金的增减而增减，即当企业实有资金比注册资金增加或减少20%以上时，要进行变更登记。

外贸跟单员在核实注册资本时需要注意：

1. 严格核实其注册资本。

2. 严格核查虚假出资企业。

3. 分析判断能否与其开展业务。

（九）核实成立时间

通常企业注册成立时间越早，经营的年限越长，积累的经营经验就越丰富，就越值得信赖。

（十）核实经营期限

经营范围属"许可经营项目"的，有关批准部门有经营期限限制，跟单员要核实其经营是否在期限之内。

（十一）核实联系方式

供应商的联系方式包括电话号码、分机号、传真号码、邮政编码、电子信箱和网站地址等。

1. 查找企业在网上披露的所有信息。在网站上搜索到的企业信息相对集中和单一，表明这家企业相对稳定。因为每家企业需要宣传推广本企业产品，目前都会采用网上低成本发布信息这一手段。如果网上查询没有这家企业的任何信息或记录，原则上不宜与其开展业务。

2. 核实企业联系方式是否过去被其他单位或个人使用过，以查询了解企业成立或变更情况。

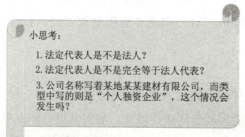

小思考：
1. 法定代表人是不是法人？
2. 法定代表人是不是完全等于法人代表？
3. 公司名称写着某地某某建材有限公司，而类型中写的则是"个人独资企业"，这个情况会发生吗？

3. 用好互联网搜索查询功能，直接输入企业名称，或区号加电话号码（如0574—

12345678），或区号加传真号码（如 0574—87654321），或"企业地址"等分别搜寻网页相关内容，并逐条进行仔细查看，认真寻找疑点。需要注意，采用多个网上搜索系统查询，有时会出现不同的情况。

三、核实供应商生产经营条件

（一）核实企业生产设备

各类生产设备数量，生产用工模、夹具、机架数量，运输装卸工具数量，及其使用及保养记录等。

（二）核实经营场地

经营场地主要包括总面积、生产厂房面积、仓库面积、其他辅助用房面积等。

（三）核实从业人员

从业人员指在本企业工作取得劳动报酬的年末实有人员数。

1. 生产员工人数。其中半熟练工人多少，熟练工人多少，技术工人多少，等等。

2. 工人工资待遇。工人的最低工资是否高于当地政府规定要求？在当地的工资待遇水平中，属于高还是低？工人加班是否有合理的工资报酬？工厂规定每周工人的工作时间是否符合政府要求？工人最低年龄是否符合国家法律要求法定年龄？是否存在童工问题？工厂是否提供一定数量的职工集体宿舍（10%～20% 职工比例）？

（四）核实质量管理情况

质量管理情况包括：

1. 有无质量检验部门，专门负责检验、测量、测试设备仪器及制定检验标准？

2. 有无质检总监，其能否对产品质量独立行使职权？

3. 质量控制人员占所有工人数量的比例是多少？

4. 有无计量证书及实验室环境记录？

5. 有无 ISO 证书及其他认证证书（如 UL 认证证书、CE 认证证书、SGS 认证证书等）？

6. 有无产品产前测试报告及成品批验测试报告？

7. 质检程序文件是否完善，是否包括生产机器、设备管理，供应商评估，采购控制？有无物料进出控制，客供物料控制，仓库物料管理，设计控制，来料/制程/成品品质控制，不合格品控制质量记录控制，质量手册及年度审评记录，等等？

（五）核实交通与水电气热供应情况

交通运输条件：距航空港、铁路、公路、水运等的距离远近及运输成本情况。

电力供应条件：电力供应能否保证企业用电需求？电力不足的问题能否得到解决？不能保证时，有无自备发电机？

供水、供气、供热情况：是否能保证供水？供水量是否会因季节不同而变化？供水是否符合标准？供气是否保证工厂满负荷工作？供热不足的问题是否能得到解决？

（六）了解环保与安全情况

环保设施是否符合要求？生产、排污过程中环保是否符合要求？厂区附近是否有干扰型企业，如食品厂附近有无工厂、农药厂等？有无消防安全制度？消防设施是否齐备有效？疏散通道是否畅通？生产车间发生意外（如起火）等职工能否安全逃生？

（七）了解企业内部经营管理情况

企业内部经营管理主要包括：物料采购单及供应商来料质量、数量、交货期历史记录；仓库物料收发货记录，出入账本，物料定期盘点记录及客供物料记录；生产总计划、各工序生产计划、生产日报、生产周报及生产周会记录；产品设计会议、设计评审、设计确认及设计更改记录；产品生产流程图，生产指导书、试产后（产前）评审记录及生产绩效记录；来料、过程、最终检验指引及报告，来料、过程、紧急放行及成品仓定期巡查记录；不合格品记录或检验报告，停产记录及不合格品处理记录，纠正及预防措施记录，等等。

四、测算供应商的实际生产能力

外贸跟单员应具备预测企业产能的能力。企业生产能力（简称产能），是指单一企业的生产设备在一定时间内所能生产的产品数量。生产能力通常以工时为单位。

产能包括理想产能、计划产能和有效产能。以下举例说明不同产能计算的方法。

（一）理想产能计算

理想产能是在生产人员充足，并且机器设备完全运作且不停机的情况下的生产能力。假定所有的机器设备完好，每周工作7天，每天工作3班，每班工作8小时，其间没有任何停机时间，这就是生产设备最理想的生产能力（表1-16）。

表1-16 企业一周理想产能

设备内容	可用设备数	人员编制	总人数	可用天数	每天班次	每班时间	理想产能标准工时
车床	20	1	20	7	3	8	20×7×3×8=3 360

以车床为例，假设该车间可用车床有20台，每台配置车工1人，总人数为20人，按每周工作7天，每天3班，每班8小时，该车间车床1周理想产能标准工时为20×7×3×8=3 360工时。

（二）计划产能计算

计划产能需要考虑工人的数量，要考虑实际排班时间。计划产能是对企业理想产能的修正，但它仍不代表企业实际的有效产能。根据企业每周实际工作天数、排定的班次及每班次员工工作时间来确定计划产能（表1-17）。

表1-17 企业一周计划产能

设备内容	可用设备数	人员编制	总人数	可用天数	每天班次	每班时间	计划产能标准工时
车床	20	1	20	5	2	8	20×5×2×8=1 600

同样以车床为例，假设该车间可用车床有20台，每台配置车工1人，总人数为20人，考虑到工人的工作时间和排班，假设该车间每周计划开动5天，每天2个班次，每班次工人工作8小时，因此该车间车床的计划产能标准工时为：20×5×2×8=1 600工时。

（三）有效产能计算

有效产能不仅要考虑机器停机时间、人员工作时间，还要考虑到产品的合格率。因此，有效产能是以计划产能为基础，减去因停机和产品不合格率等所造成标准工时的损失。产品不合格的损失，包括可避免和不可避免的报废品的直接工时（表1-18）。

表1-18 企业一周有效产能

设备内容	计划标准工时	工作时间目标百分比/%	合格率百分比/%	有效产能标准工时
车床	1 600	85	95	1 292

同样以车床为例，车床存在设备检修、保养、待料等待的时间，实际工作时间达不到计划时间，且生产的产品有不合格品，因此车床的有效产能标准工时为：1 600×85%×95%=1 292工时。

在得出各设备一周有效产能后，再根据单一产品各工序生产所需工时，计算出完成订单总数量在各工序所需总工时，以检查企业生产能力能否在订单规定的期限内完成生产，按时交货。

五、相关的体系标准

（一）ISO 9001质量管理体系标准

ISO 9001不是指一个标准，而是一类标准的统称（图1-7）。它是由TC176（TC176指质量管理体系技术委员会）制定的所有国际标准，是ISO12000多个标准中最畅销、最普遍的产品。ISO 9001用于证实该组织具有提供满足顾客要求和适用法规要求的产品的能力，目的在于增进顾客满意度。凡是通过该认证的企业，在各项管理系统整合上已达到了国际标准，表明企业能持续稳定地向顾客提供预期和满意的合格产品。

图1-7 ISO 9001认证标签

（二）ISO14000 环境管理体系标准

ISO14000 环境管理系列标准是国际标准化组织（ISO）继 ISO 9000 标准之后推出的又一个管理标准（图1-8）。该标准有 14001 到 14100 共 100 个号，统称为 ISO14000 系列标准。它的目的是规范企业和社会团体等所有组织的环境行为，以达到节省资源、减少环境污染、改善环境质量、促进经济持续、健康发展的目的。

（三）欧盟 WEEE 和 RoHS 环保指令

WEEE 即报废的电子电气设备。2005 年 8 月 13 日起，欧盟市场上流通的电子电气设备的生产商必须在法律上承担起支付报废产品回收费用的责任，同时欧盟各成员国有义务制定自己的电子电气产品回收计划，建立相关配套回收设施，使电子电气产品的最终用户能够方便并且免费地处理报废设备。

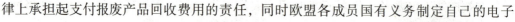

图 1-8　ISO14000 认证标签

RoHS 是由欧盟立法制定的一项强制性标准，它的全称是《关于限制在电子电器设备中使用某些有害成分的指令》（图 1-9）。该标准已于 2006 年 7 月 1 日开始正式实施，主要用于规范电子电气产品的材料及工艺标准，使之更加有利于人体健康及环境保护。该标准的目的在于消除电器电子产品中的铅、汞、镉等在内的 6 项物质，并重点规定了铅的含量不能超过 0.1%。

图 1-9　RoHS 认证标签

（四）SA8000 社会责任管理体系标准

社会责任标准 SA8000，是全球首个道德规范国际标准（图 1-10）。其宗旨是确保供应商所供应的产品，皆符合社会责任标准的要求。SA8000 标准适用于世界各地的所有行业的不同规模公司。其与 ISO 9000 质量管理体系及 ISO14000 环境管理体系一样，皆为一套可被第三方认证机构审核的国际标准。

图 1-10　SA8000 标签

SA8000 要求企业在劳工标准、工时与工资、健康与安全及管理体系方面必须达到如下标准：

1. 核心劳工标准：公司不应使用或者支持使用童工；公司不得使用或支持使用强迫性劳动；公司应尊重员工的结社自由和集体谈判权；公司不得有歧视行为；公司不得有体罚、精神或肉体胁迫以及言语侮辱的行为。

2. 工时与工资：公司应在任何情况下都不能经常要求员工一周工作超过 48 小时，并且每 7 天至少应有一天休假；每周加班时间不超过 12 小时，除非在特殊情况下及短期业务需要时不得要求加班；且应保证加班能获得额外津贴。

3. 健康与安全：公司应具备避免各种工业与特定危害的知识，为员工提供安全健康的工作环境和生活环境。

4. 管理系统：公司高管层应根据本标准制定符合社会责任与劳工条件的公司政策，并对此定期审核；委派专职的资深管理代表具体负责，同时让非管理阶层自选一名代表与其沟通；建立适当的程序，证明所选择的供应商与分包商符合本标准的规定。

六、企业印章

企业印章主要包括：公章、财务专用章、合同专用章和部门专用章以及法人名章。

企业印章的使用范围：凡属以企业名义对外发文、开具介绍信、报送报表等一律用公司公章；凡属企业内部行文、通知等，使用公司内部印章；凡属部门与公司、部门与部门业务范围内的工作文件等，用部门印章，部门印章不直接对外使用，对外不具有法律效力；凡属经营类的合同、协议等文本，一般用企业合同专用章或公章；凡属财务会计业务的，用财务专用章。

★ 课堂实训

背景资料：

宁波诚通进出口贸易公司业务一部 2020 年 12 月 14 日接到德国 AAA COMPANY INC. 的女士夹克订单如下：

ORDER NO.: AAA20201215
DATE: 14 DEC, 2020
SUPPLIER: NINGBO CHENGTONG IMPORT & EXPORT TRADING COMPANY
ADDRESS: NO. 9 XUEYUAN ROAD, NINGBO, CHINA
DESCRIPTION OF GOODS:
LADIES JACKET, WOMEN, FUR AT COLLAR, WITH BRONZE – COLOURED BUTTONS, 2 POCKETS AT FRONT AND 2 POCKETS WITHOUT FLAPS AT CHEST, INSIDE POCKET&INSIDE MOBILE PHONE POCKET, LIKE ORIGINAL SAMPLE BUT WITHOUT FLAPS AT CHEST.
COUNTRY OF ORIGIN: CHINA
ORDER NO.: 6202920001
DOCUMENTS: CERTIFICATE OF ORIGIN
QUALITY:
SHELL: 100% COTTON TWILL 20×16/128×60, REACTIVE DYED, STONE WASHED
LINING: 100% POLYESTER, BODY 140G, SLEEVE 120G
UNIT PRICE: USD7.10/PC FOB NINGBO

QUANTITY: 144,00PCS

AMOUNT: USD102,240.00

MORE OR LESS 1% OF THE QUANTITY AND THE AMOUNT ARE ALLOWED

TERMS OF PAYMENT: L/C 90 DAYS AFTER B/L DATE

DATE AND METHOD OF SHIPMENT: 20 JUN., 2021 – 30 JUN., 2021 BY SEA; OTHERWISE 1 JUN., 2021 – 15 JUL., 2021 ON SELLER'S ACCOUNT BY AIR.

PORT OF LOADING: NINGBO

PORT OF DESTINATION: HAMBURG

PARTIAL SHIPMENT: PROHIBITED

FORWARDING AGENT: KUEHNE AND NAGEL

ASSORTMENT(TOTAL ASSORTMENT = 8)	S	M	L	XL	XXL
	36/38	38/40	40/42	42/44	44/46
BLACK LIKE ORG. SAMPLE	1	1	1	1	1
GREY LIKE APPROVAL SAMPLE		1	1	1	

SIZE SPECIFICATION	S	M	L	XL	XXL
	36/38	38/40	40/42	42/44	44/46
1/2 CHEST	54	56	59	62	65
1/2 WAIST	52	54	57	60	65
1/2 BOTTOM	56	58	61	64	67
LENGTH AT CB	62	64	66	68	70
WHOLE SHOULDER	45	46	47	48	49
ARMHOLE STRAIGHT	26	27	28	29	30
SLEEVE	62	63	64	65	66
CUFF WIDTH	16	16	17	18	18
NECK WIDTH	22	22	23	23	24
FRONT NECK DROP	7	7	7	7	7
NECK HEIGHT AT CB	8	8	8	8	8
SUBJECT OF APPROVAL SAMPLE					

SELLING PRICE	GERMANY: EUR22. 99 AUSTRIA: EUR26. 99		
HANGTAG	PRICING/AAA HANTAG WITH LOGOS EC, DA, AA, BD	POSITION	THROUGH NECKLABEL
HANGTAG/ PRICE STICKER	ATTENTION: IN ADDITION TO THE REQUIRED INFORMATION ON THE HANGTAG/PRICE STICKER THERE MUST BE PRINTED"HERGESTELIT ＋＋＋"（NOT SMALLER THAN WRITING SIZE 7）		
SEW IN LABEL	ON THE CARELABEL THERE MUST BE PRINTED"MIT ＋＋＋＋＋"		

PACKING	THE CARTON MEASUREMENT WHICH CAN BE USED
8 PCS PER EXPORT CARTON, ASSORTED COLOURS AND SIZE, PER COLOUR IN BLISTER POLYBAG	120×40CM, 80×60CM, 60×40CM, 40×30CM, 30×20CM, 20×15CM THE MIN. HEIGHT OF THE CARTON MUST BE 10CM THE MAX. WEIGHT OF A CARTON IS 15KG.
SAMPLE	SEW IN LABEL
APPROVAL SAMPLES TO BE SENT LATEST 30 JAN. , 2021 LAB DIPS TO BE SENT LATEST 28 FEB. , 2021 HANGTAG/LABEL TO BE SENT LATEST 20 APR. , 2021 PRE-PRODUCTON SAMPLES TO BE SENT LATEST 05 MAY. , 2021 BULK PRODUCTON SAMPLES TO BE SENT LATEST 15 JUNE. , 2021	AAA WOVEN LABEL WITH SIZE LABEL BESIDE, AT SIDESEAM COMPOSITION AND CARE INSTRUCTIONS: SHELL: 100% COTTON LINING: 100% POLYESTER PADDING: 100% POLYESTER FUR: 100% ACRYLIC FIRST TIME WASH SEPARETELY, WITH SIMILAR COLOURS AND INSIDE OUT. ORDER NUMBER ON EACH REQUIRED.

PURCHASE CONDITIONS:

ATTN. – AZO AND NICKEL.

THE IMPORT AND SALE OF PRODUCTS WITH AZO – COLOURS AND NICKEL ACCESSORIES INTO GERMANY IS STRICTLY FORBIDDEN. THE SUPPLIER WARRANTS

THAT THE MANUFACTURE OF THE DELIVERED GOODS HAS NOT INVOLVED WORK BY CHILDREN IN AN EXPLOITING, HEALTH – ENDANGERING OR SLAVE – LIKE MANNER, FORCED LABOUR OR EXPLOITATIVE PRISON WORK.

THE MATERIAL COMPOSITION OF EACH ARTICLE HAS TO BE ADVISED; FOR GARMENTS ON THE SEW-IN LABEL IN FOLLOWING LANGUAGES: GERMAN, ENGLISH, SPANISH AND FRENCH; FOR NON-TEXTILES ON THE PACKING ACCORDING TO THE SPECIAL INSTRUCTIONS WHICH WILL BE SPECIFIED FOR EACH INDIVIDUAL ORDER.

IF THE LABELING OR PRICING OF THE GOODS IS NOT CORRECT, WE WILL DEBIT THE SUPPLIER 3% OF PURCHASE PRICE.

PLACE OF PERFORMANCE AND COURT OF JURISDICTION: DORTMUND/GERMANY.

SHIPPING MARKS:

050526
AAA
HAMBURG
C/NO. : 1 – UP

SIDEMARKS:

LIEF – NR: 70019
AUFTR. NR: 050526
EKB: DOB1
WGR. : 938
ST/KRTN   1/: 8
SPKA2699
SPKD2499

SIGNATURE   SIGNATURE
(SELLER)   (BUYER)

一、阅读理解订单内容，把下列条款翻译成中文并回答相关问题。

1. DESCRIPTION OF GOODS:

LADIES JACKET, WOVEN, FUR AT COLLAR, WITH BRONZE-COLOURED BUTTONS, 2 POCKETS AT FRONT AND 2 POCKETS WITHOUT FLAPS AT CHEST, INSIDE POCKET&INSIDE MOBILE PHONE POCKET, LIKE ORIGINAL SAMPLE BUT WITHOUT FLAPS AT CHEST.

（1）翻译。

（2）问题：什么是 WOVEN 面料？

> 2. UNIT PRICE: USD7.10/PC FOB NINGBO
>
> QUANTITY: 14,400PCS
>
> AMOUNT: USD102,240.00
>
> MORE OR LESS 1% OF THE QUANTITY AND THE AMOUNT ARE ALLOWED.
>
> | ASSORTMENT(TOTAL ASSORTMENT = 8) | S | M | L | XL | XXL |
> | --- | --- | --- | --- | --- | --- |
> | | 36/38 | 38/40 | 40/42 | 42/44 | 44/46 |
> | BROWN | 1 | 1 | 1 | 1 | 1 |
> | GREY | | 1 | 1 | 1 | |

（1）翻译。

（2）问题：在该业务中，保险和托运业务分别是由谁办理，为什么？

> 3. DATE AND METHOD OF SHIPMENT: 20 JUN., 2021 – 30 JUN., 2021 BY SEA; OTHERWISE 1 JUN., 2021 – 15 JUL., 2021 ON SELLER'S ACCOUNT BY AIR.
>
> PORT OF LOADING: NINGBO
>
> PORT OF DESTINATION: HAMBURG
>
> PARTIAL SHIPMENT: PROHIBITED

（1）翻译。

（2）问题：在该业务中，货物如果在5月25日准备装运，是否可行？

> 4. TERMS OF PAYMENT:
>
> L/C 90 DAYS AFTER B/L DATE

（1）翻译。

（2）问题：按信用证的付款方式分类，该订单项下的信用证叫什么信用证？英文如何书写？受益人是否需要出具汇票？

二、根据上面的订单要求，分析并总结出该订单下国内供应商的初步筛选要求，并按照筛选要求通过相关途径寻找4家符合订单要求的国内供应商，同时整理供应商的关键信息，并对相关信息进行比较，确定最终考察的2家国内供应商。

三、假设通过实地考察，最终确定了宁波××服装厂为最终的合作供应商，请拟定一份诚通公司与该厂关于女士夹克的加工合同。

加工合同

编号：

甲方：　　　　　　　　　　　　　乙方：
地址：　　　　　　　　　　　　　地址：
电话：　　　　　　　　　　　　　电话：

双方开展来料加工业务，经友好协商，特订立本合同。

第一条　加工内容

第二条　交货

第三条　来料数量与质量

甲方提供的原材料须含5%的备损率，并符合工艺单的规格标准。如甲方未能按时、按质、按量提供乙方应交付的原材料，乙方除对无法履行本合同不负责外，还得向甲方索取停工待料的损失。

第四条　加工数量与质量

乙方如未能按时、按质、按量交付加工产品，应赔偿甲方所受的损失。

第五条　加工费与付款方式

第六条　运输

乙方将成品运交甲方指定的地点，运费由甲方负责。

第七条　不可抗力

由于战争和严重的自然灾害以及双方同意的其他不可抗力引起的事故，致使一方不能履约时，该方应尽快将事故通知对方，并与对方协商延长履行合同的期限。由此而引起的损失，对方不得提出赔偿要求。

第八条　仲裁

本合同在执行期间，如发生争议，双方应本着友好方式协商解决。如未能协商解决，提请中国宁波仲裁机构进行仲裁。

第九条　合同有效期

本合同自签字之日起生效。本合同正本一式两份，甲乙双方各执一份。

本合同如有未尽事宜，或遇特殊情况需要补充、变更内容，须经双方协商一致。

甲方：（盖章）　　　　　　　　　乙方：（盖章）
法人代表：　　　　　　　　　　　法人代表：

同步训练

一、单项选择题

1. 营业执照企业注册地与企业经营办公地不一致的原因，不可能是（　　）。

   A. 企业近期搬新址，还来不及进行工商变更

   B. 有的老企业，在当时注册时就存在住所、办公场所、生产场所分处三地或多地的情况

   C. 企业违法经营，有意搬离注册地

   D. 企业注册地与企业经营办公地不一致是我国法律允许的行为

2. 下列（　　）属于国际标准化组织制定并实施的环境管理体系认证。

   A. ISO 9000　　　　　　　　　　B. ISO10000

   C. ISO14000　　　　　　　　　　D. SA8000

3. 欧美客商下达生产订单前，通常会按国际上通行的某一标准进行"验厂"，这种衡量企业道德行为和社会责任的标准是（　　）。

   A. ISO9000　　　　　　　　　　B. ISO14000

   C. SA8000　　　　　　　　　　　D. OEKO-TEX Standard 100

4. 凡以企业名义对外发文、报送报表等一律需要加盖（　　）。

   A. 财务专用章　　　　　　　　　B. 公司内部用章

   C. 合同专用章　　　　　　　　　D. 公司公章

5. 对于注册资本与注册资金的关系，以下正确的是（　　）。

   A. 注册资本就是注册资金，两者含义相同

   B. 注册资本随着企业经营效益的变化而变化

   C. 注册资本是所有的股东投入的资本，一律不得抽回

   D. 注册资金反映的是公司法人财产权

6. 关于企业印章的使用范围，以下错误的是（　　）。

   A. 凡属以企业名义对外发文、开具介绍信、报送报表等一律需要加盖公司相关部门印章

   B. 凡属企业内部行文、通知等，使用公司内部印章

   C. 凡属部门与公司、部门与部门业务范围内的工作文件等，加盖部门印章

   D. 凡属经营类的合同、协议等文本，一般使用企业合同专用章或企业公章

7. 在实际业务中，外贸跟单员要核实企业法人登记注册情况应到（　　）进行查询。

   A. 工商管理部门　　　　　　　　B. 外经贸管理部门

   C. 税务管理部门　　　　　　　　D. 外汇管理部门

8. SA8000规定，在任何情况下员工的每周加班时间不超过（　　）。

   A. 10 小时　　　　　　　　　　　B. 12 小时

C. 16 小时　　　　　　　　　　　　D. 18 小时

9. RoHS 包含的元素有（　　）。

A. 镉、铅、汞、六价铬、溴、多溴二苯醚

B. 镉、铅、汞、六价铬、多溴联苯、多溴二苯醚

C. 镉、铅、汞、六价铬、多溴联苯、碘

D. 氟、铅、汞、六价铬、多溴联苯、多溴二苯醚

二、填空题

1. 寻找国内供应商的主要途径有：（　　）（　　）（　　）（　　）（　　）。

2. 给出常见的五个服装区域集中地：（　　）（　　）（　　）（　　）（　　）。

3. 举出浙江常见的产品区域集中地，比如袜子在（　　），领带在（　　），羊毛衫在（　　），童装在（　　），拉链在（　　）。

4. 假设一家工厂共有 25 台车床，每台车床配置车工 1 人，总人数 25 人，每周工作 7 天，每天工作 3 班，每班工作 8 小时。1 周车床的理想产能标准工时为（　　）。

5. 某车间单一生产产品，共有车床 8 台（配有足够的工人数），全年工作日为 260 天，两班制，每班工作 8 小时，设备计划修理时间占工作时间的 12%，每台机器每小时生产 15 件产品，那么该设备的年有效生产能力是（　　）件。

三、判断题

1. 有限责任公司股东以其所有财产对公司承担责任。（　　）

2. 经工商部门登记注册的公司住所只能有一个。（　　）

3. 对于合同、订单等印章使用，只要是本公司的印章（如企业财务专用章、企业收发章）都属合法有效。（　　）

4. 跟单员不需要了解工厂生产环节的运作情况。（　　）

5. 跟单员应学会分析计算企业的生产能力，检查企业生产能否按期保质保量交货。（　　）

6. SA8000 中，公司员工每周至少要有一天休息。（　　）

7. 定作合同的特点是定作人提供全部或大部分原材料，承揽人收取的报酬基本为加工费。（　　）

8. 选择合适的供应商或生产企业，确定出口产品的类型，是保证出口产品质量与按时交货的基础。（　　）

9. 企业采用 ISO14000 管理模式有助于提高管理者和员工的环境意识，改善企业形象，减少法律纠纷和环境投诉等来提高出口产品的国际贸易竞争力。（　　）

四、多项选择题

1. 从企业法人名称"杭州威风化工有限公司"，外贸跟单员可以准确地得到下列哪些信息?（　　）

A. 企业的行业　　　　　　　　　　B. 企业注册地

C. 企业组织形式　　　　　　　　　D. 企业经营范围

2. 下列哪类企业的投资者对企业债务承担无限责任？（　　）

A. 私营合伙企业　　　　　　　　　B. 私营独资企业

C. 股份有限公司　　　　　　　　　D. 有限责任公司

3. 对合同、订单等重要经营性文件的印章和签字，跟单员应该做到（　　）。

A. 需要法定代表人签字及盖公章。不是法定代表人签字的，要由法定代表人的授权委托人签字并加盖公章

B. 可直接与需要签字人员取得联系，询问当事人是否亲自签署了某某文件，确认其是否为亲笔所签

C. 对业务中首次出现的合作企业法定代表人等有效签字印鉴，须做好复印、留底、备查工作

D. 认真对合同、订单等重要经营性文件的对方法定代表人或被委托人的签字笔迹真实性进行审查

4. 外贸跟单员对合作方企业的印章核实工作主要有（　　）。

A. 跟单员对业务中首次出现的合作企业的印章印鉴样，须做好复印、留底、备查工作

B. 合同、订单等印章是否符合用印有效性规定

C. 双方经济合同用印是否合理、完整

D. 核实对方企业公章名称与营业执照企业名称是否一致

5. 关于测算企业的实际生产能力，以下说法正确的是（　　）。

A. 外贸跟单员不需要懂得计算企业的产能计算

B. 理想产能是假定所有的机器设备完好，工人一天24小时上班，其间没有任何停机时间的理想状态生产能力

C. 计划产能计算根据企业每周实际工作天数、排定的班次及每班次员工工作时间来确定

D. 有效产能是以计划产能为基础，减去因停机和产品不合格率所造成标准工时损失。产品不合格的损失，包括可避免和不可避免的报废品的直接工时

6. 跟单员测算供应商企业实际生产能力采取的工作步骤有哪些？（　　）

A. 理想产能计算　　　　　　　　　B. 计划产能计算

C. 有效产能计算　　　　　　　　　D. 对企业生产能力不足的对策

7. SA8000中的劳工标准包括（　　）。

A. 禁止童工　　　　　　　　　　　B. 结社自由和集体谈判权

C. 禁止强迫性劳动　　　　　　　　D. 男女同工同酬的权利

E. 合理的工作条件的权利

五、简答题

1. 简单阐述 SGS，并给出它的官方网站。

2. 外贸跟单员在工作中对于合同、订单等重要经营性文件的法定代表人或被委托人的签字应该注意哪些问题？

3. 外贸跟单员对合作企业的印章核实应该注重哪些方面？

4. 外贸跟单员核实企业生产经营条件应该注重哪些方面？

5. 请阐述外贸跟单员分析判断供应商的基本方法。

项目二　制作与寄送样品

★ 培养目标

知识目标

掌握样品的主要种类；
理解外商打样工艺单上的基本内容；
掌握样品制作费的处理，寄样方式的选择与寄样费的处理；
掌握寄样通知的内容；
掌握样品的跟踪与管理。

能力目标

能分析订单中关于样品的要求；
能制作色样、辅料样、绣印花样、水洗样等典型小样；
能分析打样工艺单，并初步制作打样单；
能制作寄样通知并跟踪管理样品。

素质目标

分析思考，善于沟通；
团队合作，一丝不苟。

★ 项目导入

样品对于进出口企业是非常重要的。许多进出口企业都会投入较多的人力、物力筹集和准备样品，建立品种多样的样品展示室（厅）等。进出口企业都共性地意识到：样品质量直接关系到成交率，关系到企业生存。外贸跟单员一定要高度重视样品的作用。

宁波诚通进出口贸易公司业务一部与美国 TMR TEXTILES 公司签订的男士衬衫的订单中关于样品的描述如下：

SAMPLE REQUIREMENT:
HANDLOOM: BEFORE MAR. 25, 2020 IN OUR OFFICE
APPROVAL SAMPLES: 3 PCS SIZE M BEFORE APR. 05, 2020 IN OUR OFFICE
PRE-PRODUCTION SAMPLES: 3 PCS SIZE M BEFORE APR. 15, 2020 IN OUR OFFICE
SHIPPING SAMPLES FOR ALL SIZE: EACH FOR ONE PIECE BEFORE MAY. 31, 2020 IN OUR OFFICE
ACCESSORIES FOR OUR APPROVAL BEFORE APR. 15, 2020.

项目一的课堂训练中,宁波诚通进出口贸易公司业务一部与德国 AAA COMPANY INC. 签订的关于女士夹克的订单中关于样品的描述如下:

APPROVAL SAMPLES TO BE SENT LATEST 30 JAN. , 2021
LAB DIPS TO BE SENT LATEST 28 FEB. , 2021
HANGTAGS/LABELS TO BE SENT LATEST 20 APR. , 2021
PRE-PRODUCTON SAMPLES TO BE SENT LATEST 05 MAY. , 2021
BULK PRODUCTON SAMPLES TO BE SENT LATEST 15 JUNE. , 2021

任务一　审查订单之样品

样品的制作要求有可能出现在订单前,也可能出现在订单后,不管何时,样品的质量都直接或间接地决定了订单的成交率,因此,外贸跟单员对于订单中样品要求的审查非常重要。

一、男士衬衫订单的样品要求

2020 年 3 月初,宁波诚通公司业务一部外贸跟单员小诚根据男士衬衫订单的样品要求,整理出客户对于样品种类、寄送时间和数量的要求(表 2 - 1 所示)。

表 2 - 1　男士衬衫订单样品要求

样品种类	寄送时间要求	数量要求
手织样(Handloom)	2020 年 3 月 25 日前	1 件
确认样(Approval Sample)	2020 年 4 月 5 日前	每个货号 3 件 M 码

续表

样品种类	寄送时间要求	数量要求
产前样（Pre-production Sample）	2020 年 4 月 15 日前	每个货号 3 件 M 码
辅料（Accessories）	2020 年 4 月 15 日前	辅料样一份
船样（Shipping Sample）	2020 年 5 月 31 日前	齐码（各个码各个货号各一件）

二、女士夹克订单的样品要求

2020 年 12 月，业务一部外贸跟单员小诚整理的女式夹克订单的样品种类与寄送要求，如表 2-2 所示。

表 2-2　女士夹克订单样品要求

样品种类	寄送时间要求
确认样（Approval Sample）	2021 年 1 月 30 日前
色样（Lab Dip）	2021 年 2 月 28 日前
吊牌/标签（Hangtag/Label）	2021 年 4 月 20 日前
产前样（Pre-production Sample）	2021 年 5 月 5 日前
大货样（Bulk Production Sample）	2021 年 6 月 15 日前

三、订单中常见的样品种类

订单的样品要求中有几个重要的词，首先是 Lap Dip，是样品中非常重要的一个小样，中文称为"色样"。第二个词是 Approval Sample，是确认样。第三个词是 Pre-production Sample，是产前样，在业内有一个简单的叫法，PP 样（版）。第四个词是 Bulk Production Sample，这也是外商常常要求的样品类型，称为大货样。现实订单中有可能出现 Bulk Sample，或者是 Production Sample，或者是 Bulk Production Sample，都是指大货样。第五个词是 Shipping Sample，是指船样。

色样、确认样、产前样、大货样、船样在各类外商订单都有可能出现。其中确认样是指需要客户签字确认的样品，范围很广，可以确认原材料，可以确认成品，等等，但是要注意，成品确认样用的原料一般是工厂库存中现存的，可能会和大货的原料存在差别，要重点关注，以免出现纠纷。总之，需要客户确认的都可以统称确认样。

产前样与大货样基本都是成品。产前样是大货生产前给客户的样品，一般来说是在大货面料出来后，为了保证大货的准确性，在裁剪前做给客户看的样品，它是用来确认材料与做工的。客户看到产前样，可能会提出尺寸或者纽扣位置调整等要求。如果大货面料开始裁剪,改的可能性就很小,所以在裁剪前让客户再次确认工艺是否符合要求就非常重要。大货样是大货生产中随机抽取的样品,它反映的是整批货的品质,一般发生在大货生产的中后期。很多客户需要看大货样,目的是为了确认工厂在生产过程中是否严格控制质量,货物是否符合相关标准。

整个逻辑顺序如图 2-1 所示。

哇,客户确认了,我们可以去采购大货原料了!

大货原料到位。

我们先打个产前样,再让客户确认一下工艺。

客户确认了产前样,可以开始大货生产了!

大货生产有一段时间了,我们抽个大货样给客户发过去。

大货样符合客户要求,大货全部生产完,等待装运。

图 2-1 样品确认顺序

思考一个问题:如果前期的过程都一样,结果做出来的产前样的材料厚度和原先的确认样有所不同,怎么办?

出现这种情况是由于做确认样时大货原料还未到位,大货原料到位后发现做出来会有差别,不可能也来不及再采购一批原材料。

建议首先确认差别程度。如果差别不大,可说服客户接受,因为大部分客户对产前样品质上略差于确认样是有心理预期的。如果差别太多,建议与客户解释并给予折扣,因为重新定材料会花费更多时间,导致无法按时交货。因此,给客户确认样时如果条件允许,尽量使用非常相似或者是一样的原料。

任务二 典型小样的制作

任务一的衬衫和夹克订单需要提供手织样、色样、辅料样以及确认样、产前样、大货样、船样等样品。为了进一步了解常见的小样,本任务以服装样品中常见的色样、辅料样、绣(印)花样、水洗样为例,来熟悉典型小样的制作过程。

一、色样

色样,用来确定面料和辅料的染色效果。服装中的色样是指对面料和辅料进行染色后的颜色样品。色样可以是色样布,也可以是标准颜色编号。

宁波诚通公司业务一部外贸跟单员小诚根据夹克订单的要求,制作了一份色样,如表2-3所示。

表2-3 色样

	NINGBO CHENGTONG IMPORT & EXPORT TRADING COMPANY 宁波诚通进出口有限公司 NO. 9 XUEFU ROAD, YINZHOU DISTRICT, NINGBO, P. R. CHINA 中国宁波市鄞州区学府路9号 TEL:0086-574-87418800 FAX:0086-574-87418801
TO:AAA COMPANY INC.			
	LAB DIP SHEET
SENDING DATE		FEB. 22, 2021
ORDER NO		AAA 20201215
SUPPLIER		NINGBO CHENGTONG IMPORT & EXPORT TRADING COMPANY
STYLE		M-009
DELIVERY DATE		FEB. 22, 2021
LAB DIP	A	B	C
COLOR 1 (MATERIAL) BLACK			
LAB DIP	A	B	C
COLOR 2 (LINING) GREY			
CHECKED BY	宁诚	REVIEWED BY:	Sunny

图片上面的色样包含面料和里料两个系列,其中面料是黑色的,里料是灰色的,黑色和灰色都有A、B、C三个色。一般情况下色样需要3个色,即同一种颜色色样要有A、B、C三种,以便客户从中选择最接近的颜色。

色样的制作要把握以下要点:

第一,色样的大小。在一般情况下,色样的大小是 5cm×8cm,一般不小于 5cm×4cm。

第二,在色样处理过程中,如果是烘干的染样,建议充分回潮,不然会造成色差。

第三,要明确光源。外贸跟单员一定要了解客户看样习惯,是自然光对色还是标准光对色。如果是自然光对色,还要注意早上、中午、晚上以及南窗、北窗的区别。

二、辅料样

辅料样(Accessory Material Sample),是用来确定辅料品质的样品。如衣服的辅料样包括里料、衬料、填料、垫料、线、绳、纽扣、拉链等(图2-2)。需要特别注意服装辅料如染料、纽扣或拉链中金属含量等指标,要保证其符合客户所在国及出口国的法规要求。

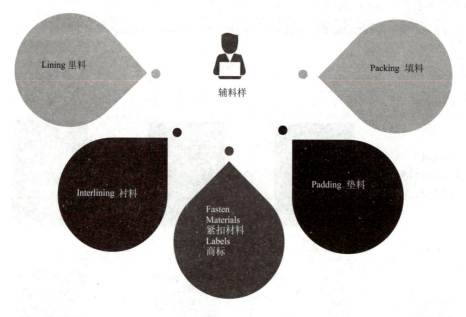

图2-2 辅料样

(一)里料

里料(图2-3)在服装中起烘托作用,里料的质量直接影响服装的外观效果和内在质量。因人们个性化的需求,服装的里料五花八门,日新月异。但是从总体上来讲,优质、高档的里料,大都具有穿着舒适、吸汗透气、悬垂挺括、视觉高贵、触觉柔美等几个方面的特点。在一般情况下,里料的选择有两个标准:第一,里料的性能应与面料的性能相适应。这里的性能是指缩水率、耐热性能、耐洗涤、强力以及重量等。第二,里料的颜色应与面料相协调。里料颜色一般不应深于面料。

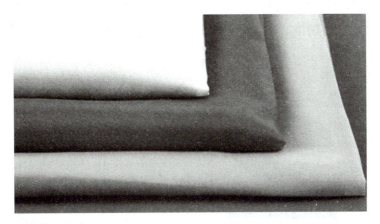

图 2-3 里料

(二) 衬料

衬料(图 2-4),指用于面料和里料之间,附着或黏合在衣料上的材料。可以说,衬料是服装的骨骼,对服装起造型、保型、支撑、平挺和加固的作用。它不仅使服装外观平服、挺括、圆顺、美观,而且可以掩饰人体的缺陷,增强服装的牢度。在一般情况下,衬料要选择比较不容易褪色,也比较硬挺有弹性的材料。衬料一般包括棉布衬、麻衬、动物毛衬、化学衬四大类。

(三) 填料

填料也指用于面料和里料之间,用来保暖、保型的材料,它在羽绒服、棉服中大量使用。

图 2-4 衬料

(四) 垫料

垫料主要有胸垫、领垫和肩垫三种。选用垫料时,要考虑产品的质量和价格,服装的性能要求和面料的厚薄、色泽等。

(五) 紧扣材料和商标

紧扣材料(图 2-5)具有一定的艺术性,品种繁多,花样丰富,能起到画龙点睛的作用。

商标是为了让消费者识别品牌所做的标志性记号或图案。

图 2-5 紧扣材料

三、绣(印)花样

绣(印)花样(Embroidery/Printed Sample),是指在面料、成衣等上面进行绣

（印）花图案的样品。要注意一点，印上去或绣上去的图案不能侵权。图2-6中的绣（印）花样是数字2，制作绣（印）花样时不仅要给出花色所使用的潘通色号，还要给出不同尺寸下绣（印）花的高度与位置等等。

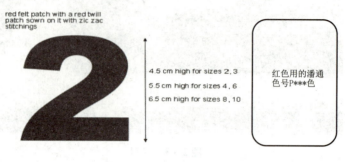

图2-6　绣（印）花样

四、水洗样

水洗样（Washed Sample），是经过水洗生产工序后的样品。水洗样主要用来确定面料水洗效果及水洗后的尺寸稳定性。在一般情况下，会剪下1m×1m布料，将其浸入60℃的清洁温水中，在水中揉一揉，浸泡15分钟。15分钟后取出布料，将其对折，再对折，用手压出水分，然后捋平、晾干后，测量布料尺寸。通过前后对比，判断布料的缩水程度和褪色程度。如图2-7所示，水洗前后两个布片的尺寸有变化，从1 m×1 m变成了0.96 m×0.96 m。

图2-7　水洗前后对比

项目二 制作与寄送样品

任务三 分析打样工艺单

一、外商来函打样要求

2020年3月15日,业务一部外贸跟单员小诚在跟单过程中,又接到了一份客户的打样要求。客户来函要求:MAKING SAMPLES IN STRICT ACCORDANCE WITH OUR DESIGN SKETCH(AS ENCLOSED PICTURES)。要求我方制作与所提供设计图稿严格一致的样品(图2-8)。

NOTE:

DEVELOPMENT SAMPLE:SIZE 6
QUATITY:2 PCS
1QUALITY:100% COTTON PIQUE FABRIC
2QUALITY:100% COTTON TWILL,100% COTTON FLAT KNIT
COLOR:NAVY

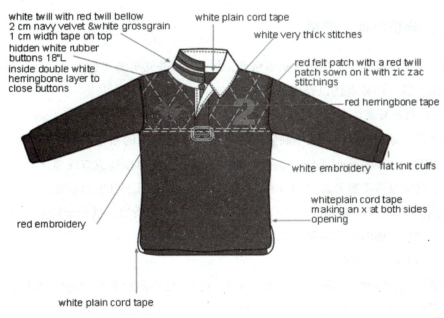

图2-8 打样工艺单

图 2-8 打样工艺单（续）

二、分析打样工艺单

男童 T 恤的打样工艺单包含很多信息，从中可以获知男童 T 恤的正面图、背面图、尺寸要求、绣（印）花图以及面料要求。

（一）确定面料要求

跟单员小诚根据打样工艺单确定这款男童 T 恤样品用的布料有两种：一种是全棉 PK 布（100% cotton pique fabric），也叫珠地网眼布，有单珠地或双珠地之分。这种布很常见，夏天很多 T 恤衫都是用这种布做的，比较多的用于男生的服装上。第二种布料是全棉斜纹布（100% cotton twill）。从整个工艺单可以看出，这个布料主要用在领口和袖口，要求全棉的横机领和袖口。

（二）确定面料颜色

除领口以外的面料颜色要求是海军蓝（navy）。这个颜色需要做色样确认。领口制作比较复杂，有白色、红色与海军蓝三种颜色构成，要引起重视。

（三）确定尺寸

从工艺单中可以看出，此款男童 T 恤分为 2/3/4/6/8/10 六个尺码，工艺单要求提供开发样的尺码是 6 码（size6），数量为 2 件。

(四) 确定具体工艺要求

这款男童T恤领子做工比较复杂。T恤领子由四层布料组成，最底下为白色斜纹布（内）然后是红色斜纹布（外），两层布上面再加上2cm的海军蓝绒布，最后上面继续加上1cm宽的白色罗缎。纽扣也比较复杂。纽扣大小为18L，纽扣为暗扣，要用两层白色人字斜纹布遮住纽扣。下摆两侧要求开叉。正面款式图上面有三处图案，两处红色的绣花，一处白色的绣花，都有具体的细节要求和尺寸大小。背面款式图有一处红色的绣花，也需要把握尺寸和细节的要求。

(五) 缝纫线要求

除了以上部分外，还有一个非常重要的细节点，就是缝纫线的要求。正面与背面的款式图都提到要求用非常粗的白色线，正面红色绣花2中还提到要求用锯齿状线，也就是Z字车线缝纫（/\/\/\/\/\/\）。其他地方的缝纫要求工艺单中没有提到，那就按照常规做法来操作。

三、制作打样通知单

跟单员小诚通过分析打样工艺单，获知了面料、颜色、尺寸、具体工艺等要求。小诚根据外商的打样工艺单制作了打样通知单（表2-4）。

表2-4 打样通知单

宁波诚通进出口公司　　打样通知单			
客户名称（图标）	COCCO	厂方编号	CT-005
产品名称	男童T恤	客户款号	COC-103
要求交期	2020.03.25	下单日期	2020.03.19
交样数量	尺码6，2件	留样数量	1件
样品类别	开发样		
编号	部位名称	规格	款式图
1	肩宽	40	
2	半胸围	42	
3	半下摆	42	
4	衣长	54	
5	袖长	44	
6	……	……	
7			
8			
9			
10			

续表

11			面料要求		
12					
13			面料：全棉 PK 布，海军蓝色 领口和袖口：全棉斜纹布，海军蓝色，红色，白色		
14					
15					
			工艺要求		

领口：要求白色斜纹布（内）加上红色斜纹布（外），两层布上面为2cm的海军蓝绒布，然后上面再是1cm宽的白色罗缎。
纽扣：18L，暗扣，用两层白色人字斜纹布遮住纽扣。
下摆：下摆两侧要求开叉
绣花：正面两处红色的绣花，一处白色的绣花；背面一处红色的绣花
缝纫线：粗的白色线，正面红色绣花2要求用锯齿状线（/\/\/\/\/\/\）

制单			＊＊＊		

任务四　样品的后期处理

在整个样品的制作、寄送以及后期管理方面涉及很多重要的步骤，下面以外贸跟单员小诚的服装订单操作为例来说明。

2020年4月1日，诚通公司寄送的确认样被认可后，业务一部外贸跟单员小诚通知FYD公司开始产前样和辅料样的制作。同时诚通公司与TMR TEXTILES公司约定，后面的打样费用和寄样费用都由TMR TEXTILES公司承担，并约定通过DHL来寄送样品。2020年4月10日，诚通公司收到了FYD公司的每个货号M码各4件产前样，检查完毕后，小诚通知TMR TEXTILES公司产前样制作完成，以DHL方式寄出每个货号M码各3件产前样，其中每个货号各1件为留样。诚通公司将寄样通知以邮件形式发送给TMR TEXTILES公司，并通知TMR TEXTILES公司将样品费用与寄样费用打入公司账户。寄样以及寄样通知发出后，外贸跟单员小诚将留存的辅料样和产前样进行编号、拍照，同时给产前样制作了样品标签，挂在袖口后放入了样品间。样品标签如表2-5所示。

样品后期处理常见问题

实习生：请问在制作样品、寄送样品和管理样品的过程中需要关注的要点有哪些？

小诚：制作样品过程中除了符合样品的设计稿要求外，比较重要的就是样品的费用，这里牵涉本身打样的费用以及寄送样品的费用。我们部门大部分产品要开模具，所以在一般情况下，如果订单量达到一定程度的话，供应商会承担打样费用。如果量没有达到，就看与供应商的合作深度了。

实习生：如果与供应商初步合作，数量也不多，制作样品的费用比较高，怎么办？

小诚：这个时候就需要沟通协调了，比如这个样品的原材料特别贵，那么我会与外商协商用替代材料做样品，外商想看到的是你的工艺，看的是结构外形、尺寸等，所以整个过程都需要沟通协商，要明白外商的需求点在什么地方。

实习生：样品的寄送费用怎么分担？

小诚：寄样主要分为到付和寄付两种方式，一般情况下，寄样费用都采用到付方式。

实习生：嗯，还有其他要注意的地方吗？

小诚：还有一点，留样非常重要，整个样品的管理工作中要做好留样的工作。

实习生：好的，谢谢。

表 2-5　样品标签

品牌	TMR
样品类别	产前样
型号	DN32/DN15
尺码	M 码
打样供应商	FYD 公司
外商	TMR TEXTILES 公司
寄送时间	2020 年 4 月 10 日
寄送人	小诚

同时，小诚将样品照片上传到电脑，以寄送日期为文件名保存，并填写了样品管理表（表2-6）。

表2-6 样品管理表

品牌	TMR
型号	DN32/DN15
样品类别	产前样
外商	TMR TEXTILES 公司
尺码	M 码
图片	文件名为 20200410
快递单号	9829080000000186
反馈	已确认

2020年4月15日，诚通公司收到TMR TEXTILES公司的相关费用以及邮件，表示其对产前样认可，并指示诚通公司按照产前样在规定时间内完成大货生产。

★ 知识要点

一、样品的含义与种类

（一）样品的含义

样品是指从一批商品中抽出来的或由生产使用部门设计、加工出来的，足以反映和代表整批商品品质的少量实物。

（二）样品的重要性

样品是一个企业的形象代表，也是产品品质的代表；样品同时是价格的代表，也是生产的代表，还是验货和索赔的依据。

（三）样品的分类

样品的种类很多，一般常用的有宣传推广样、参考样、测试样、修改样、确认样、成交样、产前样、生产样、大货样等。在不同的行业还有专门针对本行业的样品分类。

1. 宣传推广样（Sales Sample）

这是指企业用于境内外参展、对外展示的实物。一般是从一批商品中抽取出来的，或是由生产使用部门设计加工出来能代表以后交货质量的实物。通过该类样品的实物形态可向公众反映出商品品质全貌。

2. 参考样（Reference Sample）

这是指卖方向买方提供仅作为双方谈判参考用的样品。参考样与成交样品的性质不同，不作为正式的检验依据。该类样品寄给买方只做品质、样式、结构、工艺等方面的参考，为产品的某一方面达成共识创造条件。

3. 测试样（Test Sample）

这是指交由买方客户通过某种测试检验卖方产品品质的样品。如果测试结果不能达到客户的要求，客户可能不会下单订货。

4. 修改样（Modified Sample）

这是指买方对样品的某些方面提出修改，修改后卖方又重新寄回买方确认的样品。

5. 确认样（Approval Sample）

这是指买卖双方认可、最后经买方确认的样品。一旦买方确认，卖方就必须据此来生产产品。在完成确认样品后，必须由技术检验部门评估，只有经技术检验部门评估合格的样品才可发送给客户。评估重点是以下方面：所选的材料是否与客户要求完全一致；样品各个部位的尺寸是否与客户的图纸完全一致；样品的颜色和包装是否与客户的要求完全一致；样品的数量是否与客户的要求完全一致；本企业是否有留样。留样至少需保留一件，作为日后生产大货订单的实物依据。

确认样要打好，要注意生产的难度。生产工艺达不到的样品，绝对不能作为确认样寄给客户。

6. 成交样（Deal Sample）

这是指卖方交付的标的物与买方保留的样品具有同一质量标准。凭成交样品交易的商品不多，一般限于不能完全使用科学方法和使用文字说明表示品质的产品。凭成交样品交易与一般交易的区别在于，凭样品交易在订立合同时就存在样品，并且当事人在合同中明确约定"标的物的质量必须与样品的质量保持一致"或"按样品交易"等字样。如果当事人未在合同中明确规定，即使卖方已向买方提示了样品，都不为凭样品交易。

成交样交易有以下几种情况：由卖方或买方提出，经过双方确认；由买方提供样品，经卖方复制样品（又称回样）再寄买方确认；由买卖双方会同签封；申请出入境检验检疫机构签封，一般以相同的样品一式三份，经审核后签封，买卖双方各执一份，另一份由出入境检验检疫机构留存，供以后检验时对照。

外贸跟单员对出口商品的成交样要慎重把握，成交样必须具有代表性，应当能够代表今后交货的实际质量，不能偏高或偏低。偏高可能造成今后履约交货困难或引起出口后国外客户索赔，偏低则可能在成交时不能提高卖价。成交样必须预留完全相同的复样，并健全编号、登记、保管制度，以免错乱。

7. 产前样（Pre-production Sample）

这是指生产之前需寄客户确认的样品。一般是客户为了确认大货生产前的颜色、工艺等是否正确，向卖方提出的基本要求之一。

以纺织服装为例：在大货面料出来后，为了保证大货生产的准确性，在裁剪前，先以大货面料和辅料生产几件产品给客户，以提高客户对大货生产的信心。

在一般情况下，产前样尽量不用其他原材料替代，用与大货生产一致的原材料（包括辅料）生产。在客户完全认可产前样后，方可大批量进行大货生产。

8. 生产样（Production Sample）

这是指大货正在生产中随机抽取的样品。该类样品反映大货生产时品质等情况，客户根据生产样，可能会做出一些新的改进指示。

9. 大货样（Shipment Sample/Bulk Sample/Top Sample）

这是指完成大货生产后随机抽取的样品。有些客户会根据这个样品来判断这批货的品质。

此外，在不同的行业中，还有与该行业对应的其他样品种类。比如服装行业，常常出现的样品有：

（1）款式样（Pattern Sample/Fit Sample）

款式样主要是给客户看产品的款式和工艺水平。一般情况下用同类布料（即可用代替面料和辅料）打样，主要用于设计师看款式效果及生产的用料。但当有配色时，一定要搭配合适才行。尺寸做工应完全按照客户工艺指示办理。

（2）广告样/销售样（Salesman Sample）

这是在订单确定后客户用来扩大宣传、增加销售量的样品，一般用在展销会上。一般要求齐色齐码，外观效果要好，起到门面宣传作用。

（3）齐色齐码样（Size/Colored Set Sample）

这是客户要求出口商按照其工序要求，提供所有颜色和尺寸的样品。

（4）水洗样（Washed Sample）

水洗样是产品进行水洗生产工序后的样品，目的是检查成衣经过水洗后，成衣尺寸是否变化，成衣的形态如何。若发现水洗对成衣影响较大时，须查找原因，提出解决办法，如提前做好面料的预缩来控制缩水率等。

（5）船样（Shipping Sample）

船样是代表出口货物的品质水平的样品，也称"船头版"或"大货版"。如大货是以海运方式运输出口的，则要求船样以空运方式直接寄客户。在计算出口数量时，一般要将船样的数量一并计算在内。由于船样是先于大货到达客户手中，有时它是客户检验大货品质签发"检验报告"的依据，因此外贸跟单员提供合格的船样较为重要。

（6）色样（Lap Dip）

色样是出口商（生产商）按客户的色卡要求，对面料和辅料进行染色后的样品。出口商（生产商）的同一种颜色的色样至少要有三种，以便客户确认最接近的颜色（即确认三种色样中的一种）。同时，出口商（生产商）不仅保留客户的原色卡，而且也要保留客户确认的色卡。由于光线会影响人的眼睛对颜色的辨认，因此，颜色的核对，必须在统一的光线下进行。通常需要在自然光或专用灯箱光线下进行颜色的辨认。

(7) 绣（印）花样（Embroidery/Printed Sample）

这是对面料、成衣等进行绣（印）花图案后的样品。往往需要用正确颜色的布、线进行模仿打样，以示生产商有能力按客户的要求生产。在模仿打样时，首先要制版和染色，然后生产制作。特别是绣花，绣花线一定要用正确颜色，如确有难度，可以与客户沟通另行安排。

绣（印）花材料必须保证准确，如颜色搭配、花型等，如有不明确的地方，要及时与客户沟通，争取缩短确认周期。由于绣（印）花涉及工序多，不确定因素多，通过打确认样，不仅可以展示生产实力，而且可以测算生产周期，比较准确地计算大货生产时间，从而确定交货时间。

(8) 辅料样（Accessory Material Sample）

这是通过采购或加工生产的辅料样品。因生产企业大多需要外购辅料，外购辅料存在诸多不确定因素。通过辅料样，能够发现辅料生产采购过程中的不确定因素，同时也可以了解辅料的加工费用和时间。外贸跟单员要将采购的辅料价格、规格、牌号、标准等资料进行汇总，便于以后出现同类辅料时查询。

二、服装样品制作的注意要点

（一）款式样

外贸公司接到订单以后，提供图纸样或者参考实样，供工厂制作款式样，以便供客户观察款式效果。这时应注意的几个问题：第一，打款式样的时候，面料用相似的面料，但必须有相似的性能。第二，要考虑做工上的一致性，整个服装看起来要与原样相似。做款式样时还应考虑生产能适应大批流水作业。一些做工复杂的地方应把它改掉，但做工上的更改不可以影响服装的外观。第三，辅料上的使用应考虑将来的采购以及成衣的成本。第四，主、辅料颜色要与图纸样或者参考实样相似。

（二）批办样

款式样寄送客户后，客户经常会进行更改，这种更改不仅仅是差错更改，而是客户根据市场行情进行调整。根据客户的更改，原则上，需用正式主、辅料制作样衣——批办样，即根据新的款式样和样品规格表中的具体要求逐项进行操作。

（三）大货产前样（封样）

完成上述步骤以后，主、辅料生产厂方可进行材料的大批生产。成衣生产厂待所有的材料生产出来以后才能生产，所有的材料到位后，必须再次进行打样。这个样品必须使用百分之百的正确材料，正常情况下是不允许再用代用品的。对于大货产前样必须非常慎重。只有大货产前样（封样）经客户确认合格后，方可大批开裁。大货的生产就按此样衣进行。

三、打样通知单的注意要点

(一)打样通知单的主要内容

打样通知单包含客户名称、产品名称、厂方编号、客户款号、要求交期、下单日期、交样数量、留样数量、样品类别、尺寸、款式图、面料要求、工艺要求等内容,具体如表2-7所示。

表2-7 打样通知单

宁波诚通进出口公司　　打样通知单			
客户名称(图标)		厂方编号	
产品名称		客户款号	
要求交期		下单日期	
交样数量		留样数量	
样品类别			
编号	部位名称	规格	款式图
1			
2			
3			
4			
5			
6			
7			面料要求
8			
9			
10			
11			
工艺要求			
制单			

(二)客户名称等

如果客户同时有几个品牌,外贸跟单员需要在客户名称后注明相应品牌。客户款号是客户自己的款式编号,厂方编号是工厂自己的款式编号,把两者放在一起是为了防止跟单员混淆。样品类别是要区分样品的类型,比如是头办初样还是第二次试身样或者是 PP 版等。款式名称方面,跟单员尽量写详细,比如有内衬长袖外套、无内衬短袖 T 恤等。款式图片一定要非常清晰,现在很多外商都是 AI 样稿,可以直接给工厂,让工厂师傅直接据图制作符合客人要求工艺的样品。

(三) 样品数量与交样期

样品数量方面要注意留样的问题,还要关注工厂是否也需要留样,所以要注明数量内有无工厂留样。例如,客人要求两件,工厂留样一件,则可以写 2+1 件。交样期方面,一般情况下,不需要特殊工艺的样品 4~5 天可以完成。如果有特殊工艺的按照特殊工艺的制作难度来确定具体交样时间。

(四) 面料

面料方面,一般涉及布号、成分、克重、颜色以及是否需要做缩水率。要注意,全棉、人造棉、真丝等面料,缩水率比较高,要考虑缩水率,部分达到 10%。如果碰到条状、格子、印花、绣花等特殊类面料的,一定要在打样单上注明。尤其外商对条子、格子以及印花在不同的部位有特别要求的,更要重点注明。比如用图 2-9 中的第一款布料做衬衫,衬衫领子是裁横条还是直条,大身是取横条还是直条,袖子左右是否需要对称,前幅大身左右条格是否对称,等等,都需要重点写明。

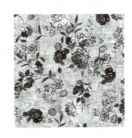

图 2-9 面料

如果用图 2-9 中第二、三款面料做连衣裙,就要考虑印花或绣花有无方向,是否需取定位花(如果是取定位花,在做面料时就需要在面料上取好将来要裁的花位),还要考虑衣服领子上是否取花,内领贴(贴身的部分)是否取素色布做,以免绣花面料刺磨皮肤,等等。

(五) 里布

里布方面,要明确里布的品质型号、颜色、门幅,确认是全里还是半里,所需用的部位等都需要注明。内衬也是同样的,需要配内衬的部位都应该一一列出。通常很透明的面料所用内衬为配色,不透明的面料所使用的内衬为黑、白、灰色,具体视面料深浅色而定。

(六) 缝纫线、车缝、标牌等

打样走线的颜色和型号也要按照外商的指示使用。如果客户没有指示,颜色就一般为配色,粗细按照面料的厚薄来用线。一般欧美客户要求用的线也要是知名供应商提供的。其他辅料如纽扣、拉链也要按照客户要求或者常规做法操作。

车缝方面，尽量将外商的要求转化为工厂的语言，尽可能简化。如果外商无指示的情况下，结合常规做法并综合该客户常规的通则，整理出清晰且有条理的车缝要求。通常为由上到下，由内到外的描述。特殊工艺是指涉及绣花、洗水、钉珠子等，要说明特殊工艺的位置、要求颜色等。

最后是标牌。标牌包含很多，比如主唛、洗水唛、尺码唛、价格牌等。主唛包含品牌名、尺码说明、面料成分说明、产地，等等。价格牌包含品牌名称、货号颜色、UPC条码及尺码说明等。关于标牌的要求也要在打样通知单中列明。

四、样品的后期处理要点

（一）样品制作费的处理

样品制作会产生费用，不同的样品产生的制作费用不同。样品的制作费一般由外商、供应商或外贸企业承担，或通过商谈由多方共同分担等。在外贸跟单过程中涉及大量的样品，常见的制作费处理方式有：

1. 费用由外商支付。当外商确认同意并支付模具费后，外贸跟单员需附样品工艺要求和样品完成时间，经主管批准后安排打样。

2. 费用由供应商支付。这种情况供应商一般会提出要求，比如需要外商或外贸企业先付样品开发费用，达到一定生产约定量后，供应商向外商或外贸企业退还模具费等。

3. 费用由外贸企业支付。如果是这种情况，外贸企业可以向外商提出最小起订量的要求，等等。

4. 如果涉及多个品种的样品，则须分别列明每件样品的单价及费用分担等内容。

（二）寄样费的处理

在国际贸易中，一般情况下，寄样费有寄件方支付（预付）、收货方支付（到付）和第三方支付这三种处理方式。

1. 预付，即寄件方支付寄样费用。一般适用于寄送费用低、客户信誉好或老客户以及成交希望大的订单。

2. 到付，即收件方支付寄样费用。常用于寄送费用高、客户信誉一般或新客户，以及无法确定是否能够获得订单的情况。有时收件方会采取拒付的行为（此行为非洲多见）。为避免收件方拒付，外贸跟单员最好要求收件方提供某一快递公司的到付账号。

3. 第三方支付。外贸跟单员需在运单的"PAYMENT OF CHARGES"一栏填写第三方付款公司名、账号及国家名。为避免第三方拒付，外贸跟单员获得到付账号或者第三方账号后，要立即联系快递公司，确认账号是否有效。

(三) 寄样方式的选择

寄样是一个非常关键的环节，通常需要快捷、安全、保质地送达客户的手中，以方便客户检测、检验和评估。一般情况下寄样方式分为两类。

1. 邮政的航空大包：邮政的航空大包价格较便宜，航程大约在两周左右（不含目的国的海关检验和其国内的邮政递送时间）。此方式适用大宗低值产品寄送，可在各地邮局办理。一般商品（非危险品）可正常寄送，如系普通化工品，仅需要出具一般的品质证书（证明其无毒、无害、无爆破性等），便于海关查验核实。如系危险化工品或者疑似危险化工品（如钛白粉），需要出具特殊的证明以及特殊托运。需要注意：最小邮寄重量是 2 千克，20 千克为一个限重单位。如超出部分，需要另行打包计费。

2. 航空快递：主要通过邮政 EMS 和国际快递公司寄送，适合体积与重量较小的样品。它的费用比邮政的航空大包高。当企业与快递公司有协议时，可以打一定的折扣。邮寄时间大约需一周（或者 3~5 天）。如系普通化工品，仅需要出具一般的品质证书（证明其无毒、无害、无爆破性等），便于海关查验核实。如系危险化工品或者疑似危险化工品（如钛白粉），需要出具特殊的证明以及特殊托运。

不管采用哪种寄样方式，都要注意到，一般商品（非危险品）都可正常寄送。如果是普通化工品，需要出具一般的品质证书（证明其无毒、无害、无爆破性等），便于海关查验核实。如果样品是危险化工品或者疑似危险化工品，那么外贸跟单员一定要出具特殊的证明，采用危险品托运方式。

(四) 寄样通知

寄样通知就是提醒客户寄送样品的邮件。寄样通知一般包括寄样时间、样品的清单、快递单号、样品的形式发票等内容。注意一下，这个样品的形式发票是客户清关的必需单据，也是出口商样品管理的重要记录。在形式发票上建议备注：NO COMMERCIAL VALUE AND VALUE ON THE INVOICE ONLY FOR CUSTOMS。同时提醒客户收到样品后进行确认回复。

(五) 样品的跟踪与管理

寄送样品后外贸跟单员要对样品进行跟踪和管理。

1. 样品的跟踪。

首先，可以询问样品是否顺利到达。这体现了外贸跟单员对客户的重视程度和外贸服务技能，避免被客户忘记。其次，以质量检测报告跟进客户端的样品进展情况（参展效果如何、用户使用体验如何等）。最后，要跟踪客户反馈意见。客户对样品的评价及改进的看法对于企业的发展方向起着举足轻重的作用，因此，外贸跟单员要想办法请客户给出具体满意或不满意的说明。

2. 样品的管理。

样品的管理可以建样品管理表，对所有寄出样品及收取样品予以编号及登记在册。样品管理表内容包括外商国别、名称（图标）、样品名称、版本、生产批次号、供应商样品编号，样品数量（注明留样几件），样品制作费，寄样费，快递公司名称，快递单号，寄样时间，外商收样时间，外商对样品的评估情况等内容。要妥善保管快递底单和形式发票，用以留档。

（六）建立稳定联系

第一，要记住不管是什么样品都很重要，千万不要以为只有确认样才是最重要的。客人总是想方设法在买让他更加满意的产品，不要在任何样品方面让客人抓住把柄。

第二，无论短期内有无订单，尽量与拿样客户建立一种稳定的联系，不间断通知其产品的最新情况。沟通的频率很重要。要注意沟通节奏的把握，不要引起客户的反感。

第三，要让客户感到从你处可以不断获得产品信息。

课堂实训

一、阅读理解部分订单内容，回答相关问题。

……

THE SAMPLES INCLUDE PRE-PRODUCTION SAMPLE, BULK PRODUCTION SAMPLE. TWO PIECES PER MODEL OF PRE-PRODUCTION SAMPLES WILL BE SENT US BEFORE PRODUCTION(ONE TO HONG KONG OFFICE AND THE OTHER TO FRENCH OFFICE). ONE PIECE PER MODEL OF BULK PRODUCTION SAMPLES WILL BE SENT US BEFORE SHIPMENT.

THE BULK PRODUCTION SAMPLE THAT YOU SEND MUST BE EXACTLY THE SAME AS PRODUCTION.

SENT BY SPEED COURIER (DHL) TO THE FOLLOWING ADDRESS(**IMPORTANT FOR SENDING TO FRANCE, THE FINAL AIRPORT IS BORDEAUX MERIGNAC AIRPORT, NOT PARIS AIRPORT**):

    C. D. L
    74 RUE SEDAINE
    76011 BERGERAC CITY
    FRANCE

THE COST OF SPEED COURIER WILL BE PAID BY SUPPLIER.

FOR BOTH, PLEASE DO NOT FORGET TO ENCLOSE A DETAILED COMMERCIAL INVOICE INDICATING "SAMPLES WITH NO COMMERCIAL VALUE".

……

1. 根据上述内容，外贸跟单员应该分别在何时寄出何种样品？请分别列明。

2. 根据上述内容，外贸跟单员需要寄送的样品数量分别是多少？应该选择哪家国际快递公司寄送才符合采购商的要求？该快递费用由谁承担？

3. 外贸跟单员在填写快递单据时，必须加注什么英文信息才符合客商的要求？请具体写出该信息的中文含义。

二、翻译下列专业术语。

英文	中文
SIZE SPECIFICATION	
1/2 CHEST	
1/2 WAIST	
1/2 HIP	
1/2 BOTTOM	
SHOULDER	
ARMHOLES STRAIGHT	
SLEEVE LENGTH	

三、模拟练习打样单、样品标签以及样品管理表的制作。

四、假设：某服装订单有5个颜色，每个颜色3个尺码，客户要求提交：PP SAMPLE，ASSORTED COLOR & SIZE，TOTAL 5 PCS。请问这5件衣服的尺码颜色如何分配？

★ 同步训练

一、单项选择题

1. "lap dip"是指（   ）。

  A. 参考样　　　　B. 生产样　　　　C. 确认样　　　　D. 色样

2. "approval sample"是指（   ）。

  A. 参考样　　　　B. 产前样　　　　C. 确认样　　　　D. 大货样

3. "pre-production sample"是指（   ）。

  A. 参考样　　　　B. 产前样　　　　C. 确认样　　　　D. 大货样

4. 美国的老客户要求寄送一些丝绸面料做样品，数量不多但要求速到，如果你是外贸跟单员，考虑到这笔业务成交的可能性较大，应采用（   ）方式。

  A. 邮局的航空件，邮寄费预付　　　　B. EMS 快递，邮寄费预付
  C. DHL 快递，邮寄费预付　　　　　　D. DHL 快递，邮寄费到付

5. 如果某样品的重量为4 050克，以下说法正确的是（   ）。

A. 首重 500 克，续重个数为 7　　　　B. 首重 500 克，续重个数为 8

C. 首重 500 克，续重个数为 5　　　　D. 首重 500 克，续重个数为 6

6. 重量或体积较大的样品一般会使用以下哪种方式寄送？（　　）

A. 邮政航空大包　　　　　　　　　　B. 邮政 EMS

C. UPS　　　　　　　　　　　　　　D. DHL

7. 半腰围的英文是（　　）。

A. 1/2 chest　　　　　　　　　　　　B. 1/2 waist

C. 1/2 bottom　　　　　　　　　　　D. 1/2 shoulder

8. 臀围的英文是（　　）。

A. Cuff Width　　　　　　　　　　　B. Neck Width

C. Leg Opening　　　　　　　　　　D. Hip Width

9. 配色的英文简称（　　）。

A. DTM　　　　B. BTM　　　　C. BYM　　　　D. DYM

10. 绣花样的英文为（　　）。

A. Accessory Material Sample　　　　B. Embroidery Sample

C. Printed Sample　　　　　　　　　D. Washed Sample

二、多项选择题

1. 以下表述样品重要性的项有（　　）。

A. 样品是产品品质的代表　　　　　　B. 样品是价格的代表

C. 样品是生产的代表　　　　　　　　D. 样品是验货和索赔的依据

2. 确认样在发给客户前应该作评估，做评估时应该注意以下哪些方面？（　　）

A. 所选的材料是否与客户要求完全一致

B. 样品的颜色和包装是否与客户的要求完全一致

C. 样品的数量是否与客户的要求完全一致

D. 本企业是否有留样。留样至少需保留一件，以便作为日后生产大货订单的实物依据

3. 成交样的确认方式有哪些？（　　）

A. 由卖方或买方提出，经过双方确认

B. 由买方提供样品，经卖方复制样品（又称回样）再寄买方确认

C. 由买卖双方会同签封

D. 申请出入境检验检疫机构签封，一般以相同的样品一式三份，经审核后签封，买卖双方各执一份，另一份由出入境检验检疫机构留存，供今后检验时对照

4. 在确认样完成前，通常还要准备和处理哪些样品？（　　）

A. 宣传推广样　　B. 参考样　　　　C. 修改样　　　　D. 产前样

5. 在外贸跟单过程中涉及大量的样品，常见的制作费处理方式有（　　）。

A. 由外商支付

B. 由供应商支付

C. 由外贸企业支付

D. 如果涉及多个品种的样品，则须分别列明每件样品的单价及费用分担等内容

6. 寄样通知包括哪些内容？（　　）

A. 寄样时间　　　　　　　　　B. 样品的形式发票

C. 快递单号　　　　　　　　　D. 样品清单

三、简答题

1. 对样品通知工作的处理主要有哪些？
2. 样品制作费的处理方式通常有哪几种？
3. 你认为在样品准备过程中应该怎样与企业建立稳定的关系？
4. 外贸跟单员在准备成交样时应该注意哪些问题？
5. 什么是产前样？产前样有何作用？

项目三 采购原材料

知识目标
掌握原材料采购单的制作方法；
了解原材料采购的基本要求；
掌握原材料采购的流程和注意事项；
了解原材料检验的步骤；
掌握原材料检验与接收的注意事项。

能力目标
能分析订单中的原材料要求；
能确定原材料采购单的种类与数量；
能完成原材料的采购；
能完成原材料的检验与接收。

素质目标
分析思考，团队合作；
善于沟通，认真负责。

项目导入

2020 年 5 月，宁波诚通公司跟单员小诚正在跟进宁波 FYD 服饰有限公司的衬衫订单时，又接到了澳大利亚老客户的女士短袖订单，于是他选择了具有长期合作关系的宁波五彩布厂作为本次原材料的供应商，选择长期合作的宁波大榭针织厂作为本次的合作供应商。原材料采购需要制作采购单，并对采购面料进行及时跟踪，完成原材料的采购以及检验，最后安全入库。女士短袖 T 恤订单的部分内容如下所示：

```
BRAND：BAY STUDIO
SEASON：SUMMER 2021
QUANTITY：5,170
SIZE SCALE：S－M－L－XL
SIZE RATIO：1－2－3－3
CONTENT：100% COTTON SLUB JERSEY
FABRIC TYPE：SLUB JERSEY
```

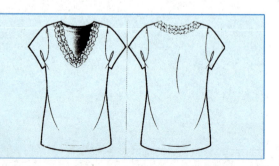

续表

COLOR	UNITS				
BLACK	1,034				
DARK PURPLE	1,034				
GINGER	1,034				
MACADAMIA	1,034				
OCEAN DEPTHS	1,034				
POM	DESCRIPTION	TOL (-)	TOL (+)	S	M	L	XL
---	---	---	---	---	---	---	---
100	BUST WIDTH 1" BELOW ARMHOLE	-1/2	1/2	35	37 1/2	40 1/2	43 1/2
101	FRONT HPS TO WAIST	-1/4	1/4	15+1/2	16	16+1/2	17
103	WAIST WIDTH	-1/2	1/2	32+1/2	35	38	41
111	SWEEP	-1/2	1/2	38+1/2	41	44	47
105	FRONT BODY LENGTH	-1/2	1/2	26+1/2	27	27+1/2	28
109	CROSS SHOULDER	-1/4	1/4	14+7/8	15+1/2	16+1/4	17
113	CROSS FRONT 6" BELOW HPS	-1/4	1/4	12+7/8	13+1/2	14+1/4	15
115	CROSS BACK 6" BELOW HPS	-1/4	1/4	13+7/8	14+1/2	15+1/4	16
118	BACK NECK WIDTH MIDDLE OF TOP RUFFLE	-1/4	1/4	8+1/4	8+1/2	8+3/4	9
124	BACK NECK DROP IMG. LINE TO MIDDLE OF TOP RUFFLE	-1/4	1/4	1+1/4	1+1/4	1+1/4	1+1/4
125	FRONT NECK DROP IMG. LINE TO MIDDLE OF TOP RUFFLE	-1/4	1/4	7+3/4	8	8+1/4	8+1/2
	ARMHOLE STRAIGHT FROM SHLDR TO SS	-1/4	1/4	7+5/8	8	8+1/2	9
131-A	SLEEVE LENGTH C-CUFF	-1/4	1/4	5+1/2	6	6+1/2	7
	SLEEVE INSEAM	-1/4	1/4	1+1/2	1+1/2	1/1/2	1/1/2
145	SLEEVE OPENING (FLAT)	-1/4	1/4	6+1/4	6+1/2	6+3/4	7

续表

ITEM	SUPPLIER	DESCRIPTION	QUANTITY	COLOR					IMAGE
USE	ITEM TYPE	CONTENT	UOM	BLACK	DARK PURPLE	GINGER	MACADAMIA	OCEAN DEPTHS	
THR001 BODY	RUFFLE	THREAD-DOATS OR A&E		DTM	DTM	DTM	DTM	DTM	
DRF001 SELE FABRIC RUFFLE AT NECK				SEE ARTWORK					
TCR0001 SHOULDER SEAMS	CLEAR TAPE	CLEAR RUBBER TAPING PLACE AT SHOULDER SEAMS AND NECK YOKE TO PREVENT STRETCHING		CLEAR	CLEAR	CLEAR	CLEAR	CLEAR	
BSHS		BAY STUDIO HEAT SEAL	1 EACH	—	—	—	—	—	
CARE		CARE LABEL QUANTITY AND COLOR ARE TO MATCH TO THE MAIN LABEL	1 EACH	—	—	—	—	—	
BSHT	AVERY DENNISION	BAY STUDIO UPC HANGTAG ORDER FROM AVERY DENNISION PAXAR	1 EACH	—	—	—	—	—	
GSS	AVERY DENNISION	GENERIC SIZE STRIP STICKER ORDER FROM AVERY DENNISION PAXAR—NEED TO ORDER EACH SIZE SEPARATELY	1 EACH	—	—	—	—	—	

项目三 采购原材料

任务一　审查订单之原材料

一、铸件订单中的原材料材质报告

> 问：经理，一般情况下外商订单中会对原材料提出什么要求？
> 答：一般会要求出具原材料材质报告，比如玩具、文具类产品要证明所用原料对皮肤无毒无害，是环保材料，等等。不同的产品都应该有相应的材质报告需求。

原材料材质报告，也可以称为材料测试报告（MTR），指能详细说明原材料中各种物质含量，以及其具备的物理特性、化学特性的报告单。这类报告在外商订单中经常出现，宁波诚通公司的铸件订单中就有相关的原材料要求，如下所示：

> MATERIAL：
> A. ALL MANUFACTURED CASTINGS MUST MEET THE MECHANICAL AND CHEMICAL REQUIREMENTS OF CAST STEEL GRADE SC8620 CLASS 80/50 AND SHALL BE IN ACCORDANCE WITH ASTM A958/A958M.
> B. EACH CASTING MUST BE IDENTIFIED APPROPRIATELY WITH THE CORRECT HEAT, POURING, AND PART NUMBERS. THE PARTS MUST BE TRACEABLE TO MTR（MATERIAL TEST REPORT）.

这个铸件订单里面明确了原材料的要求，第一，所有制造的铸件必须符合铸钢等级 SC8620 80/50 的机械和化学要求，并符合 ASTM A958/A958M 的要求；第二，每个铸件都必须用正确的温度、浇铸和零件编号进行标识，所有零件必须可追溯至 MTR（材料测试报告）。

二、服装订单中的原材料要求

在一般情况下，文具、铸件等订单的原材料要求相对比较单一，只要求出具 MTR，证明原材料达到相关标准，但是有些服装订单对于原材料的要求就相对较多。

宁波诚通公司业务一部的女士短袖 T 恤订单，既有面料要求，还有辅料要求，包含缝纫线、颈部的褶皱、商标印花、洗标、吊牌、通用尺码贴等多种材料，非常复杂。

> SHELL：100% COTTON TWILL 20×16/128×60/60"

其中，100% COTTON TWILL 是全棉斜纹布，要求布料材质是全棉。20×16 是纱线支数，即经纱支数×纬纱支数，是指在公定回潮率下，重一磅的纱线，它的长度有几个 840 码。在一般情况下，纱线越粗，值就越小。128×60 是织物密度，即经向密度×纬向密度。它是指沿经纬向单位长度（1 英寸=2.54 厘米）内经纬纱的根数。60"是面料的幅宽，就是指面料的有效宽度。常见门幅有窄、中、宽、特宽，其中宽幅为 57～60 英寸（144～152cm），是常用的外贸面料。

有些服装订单还会出现这样的面料要求——97% C 3% SP 240/250GSM。97% C3% SP 是指面料内含 97% 的棉和 3% 的氨纶。当面料由多种材质组成时，一般大比例材质在前，小比例材质在后；同比例时，天然纤维在前，化纤在后。GSM 是指织物克重，一般指每平方米面料的重量，这款面料要求每平方的克重范围是 240～250。

服装订单除了对面料要求非常复杂外，外商还会提出面料必须经过指定机构的检测，要求出具检测报告。比如长袖衬衫订单中就提到 ALL THE FABRIC AND EMB. SHOULD BE AZO FREE，THE PRODUCTS MUST GET THROUGH SGS CERTIFICATION。这就要求面料以及绣花不能含有偶氮染料，并且产品需要通过 SGS 的认证。

任务二　制作采购单

一、制作原材料采购明细表

要制作采购单，首先要明确原材料采购明细表，原材料采购明细表的制作分成五个步骤：

第一，要对照确认样列出采购所需要的原材料的种类率。

第二，确认单位产品所需原材料的数量——单耗。

第三，确认各类原材料的损耗率。

第四，确认订单数量以及可接受的溢短装，从而确认投产数量。

第五，确认采购总量，计算公式如下：采购总量＝订单数量×（1＋溢短装）×单耗×（1＋损耗率）。

（一）确认原材料的种类

宁波诚通公司在 2020 年 5 月接到女士短袖 T 恤订单后，业务一部跟单员小诚对订单进行了正确的原材料分解，明确该订单所需的原材料种类。

订单明确了商品数量以及颜色。从表 3-1 中可以看到，整批货数量为 5 170 件，包含黑色、深紫色、姜黄色、米色（或澳洲坚果色）、深蓝色五种颜色，每个颜色各1 034件。

表 3-1 订单（一）

BRAND：BAY STUDIO SEASON：SUMMER 2021 QUANTITY：5,170 SIZE SCALE：S – M – L – XL SIZE RATIO：1 – 2 – 3 – 3 CONTENT：100% COTTON SLUB JERSEY FABRIC TYPE：SLUB JERSEY	
COLOR	UNITS
BLACK	1,034
DARK PURPLE	1,034
GINGER	1,034
MACADAMIA	1,034
OCEAN DEPTHS	1,034

订单还明确了面料以及各部位的尺寸。从表 3-2 中可以看到，面料要求为全棉竹节布。除领口特殊外，大身和袖子的面料都是全棉竹节布。这款 T 恤分 S/M/L/XL 四个型号，四个型号的尺寸都分别有注明。

表 3-2 订单（二）

POM	DESCRIPTION	TOL (−)	TOL (+)	S	M	L	XL
100	BUST WIDTH 1" BELOW ARMHOLE	−1/2	1/2	35	37 1/2	40 1/2	43 1/2
101	FRONT HPS TO WAIST	−1/4	1/4	15 + 1/2	16	16 + 1/2	17
103	WAIST WIDTH	−1/2	1/2	32 + 1/2	35	38	41
111	SWEEP	−1/2	1/2	38 + 1/2	41	44	47
105	FRONT BODY LENGTH	−1/2	1/2	26 + 1/2	27	27 + 1/2	28
109	CROSS SHOULDER	−1/4	1/4	14 + 7/8	15 + 1/2	16 + 1/4	17
113	CROSS FRONT 6" BELOW HPS	−1/4	1/4	12 + 7/8	13 + 1/2	14 + 1/4	15
115	CROSS BACK 6" BELOW HPS	−1/4	1/4	13 + 7/8	14 + 1/2	15 + 1/4	16
118	BACK NECK WIDTH MIDDLE OF TOP RUFFLE	−1/4	1/4	8 + 1/4	8 + 1/2	8 + 3/4	9

续表

POM	DESCRIPTION	TOL (-)	TOL (+)	S	M	L	XL
124	BACK NECK DROP IMG. LINE TO MIDDLE OF TOP RUFFLE	-1/4	1/4	1+1/4	1+1/4	1+1/4	1+1/4
125	FRONT NECK DROP IMG. LINE TO MIDDLE OF TOP RUFFLE	-1/4	1/4	7+3/4	8	8+1/4	8+1/2
	ARMHOLE STRAIGHT FROM SHLDR TO SS	-1/4	1/4	7+5/8	8	8+1/2	9
131-A	SLEEVE LENGTH C-CUFF	-1/4	1/4	5+1/2	6	6+1/2	7
	SLEEVE INSEAM	-1/4	1/4	1+1/2	1+1/2	1/1/2	1/1/2
145	SLEEVE OPENING（FLAT）	-1/4	1/4	6+1/4	6+1/2	6+3/4	7

备注：订单单位为英寸，1 英寸 =2.54 厘米。

订单中还明确了辅料要求。如表 3-3 所示，辅料包含缝纫线，颈部的褶皱、商标印花、洗标、吊牌和通用尺码贴以及这些辅料需要的数量。

综合分析结果，可以确认需要的面料为全棉竹节布，辅料中缝纫线要求是 A&E 或者 COATS（高士）。这两款是缝纫线中排名最靠前的，常常出现在外贸订单中。颈部褶皱用的是原生布，其他还有印花、洗标、吊牌、通用尺码贴等辅料要求。辅料表 3-3 中提到 CLEAR TAPE PLACE AT SHOULDER SEAMS AND NECK YOKE TO PREVENT STRETCHING，要求肩缝以及颈轭处要放置透明橡胶带，防止拉伸，因此辅料中还包含了透明橡胶带。

提示：缝纫线常见的几大品牌，有 A&E、COATS（高士）、AMANN（亚曼）、柳青、敦煌、华美瑞、SPAEK（惠美）、LANFANG（蓝纺）、枫树等。

（二）确认单位产品所需原材料的数量——单耗

面料、缝纫线以及颈部褶皱的单耗要询问供应商的打版师傅，而商标、印花、洗标、吊牌、通用尺码贴的单耗在订单已经列明，都是 1。

（三）确认各类原材料的损耗率

经过询问工厂师傅，得知面料等的损耗率为 3%。

（四）确认是否有溢短装条款

经确认，没有溢短装条款。

（五）制作原材料采购明细表

小诚制作的该短袖 T 恤的原材料采购明细表如表 3-4 所示。

表3-3 订单(三)

ITEM	SUPPLIER	DESCRIPTION		QUANTITY	COLOR					IMAGE
USE	ITEM TYPE	CONTENT		UOM	BLACK	DARK PURPLE	GINGER	MACA-DAMIA	OCEAN DEPTHS	
THR001 BODY		THREAD-DOATS OR A&E			DTM	DTM	DTM	DTM	DTM	
DRF001 SELF FABRIC RUFFLE AT NECK	RUFFLE				SEE ARTWORK					
TCR0001 SHOULDER SEAMS	CLEAR TAPE	CLEAR RUBBER TAPING PLACE AT SHOULDER SEAMS AND NECK YOKE TO PREVENT STRETCHING			CLEAR	CLEAR	CLEAR	CLEAR	CLEAR	
BSHS		BAY STUDIO HEAT SEAL		1 EACH	—	—	—	—	—	
CARE		CARE LABEL QUANTITY AND COLOR ARE TO MATCH TO THE MAIN LABEL		1	—	—	—	—	—	
BSHT	AVERY DENNISION	BAY STUDIO UPC HANGTAG ORDER FROM AVERY DENNISION PAXAR		1 EACH	—	—	—	—	—	
GSS	AVERY DENNISION	GENERIC SIZE STRIP STICKER ORDER FROM AVERY DENNISION PAXAR—NEED TO ORDER EACH SIZE SEPARATELY		1	—	—	—	—	—	

表3-4 原材料采购明细表

名称	使用部位	单耗	颜色	成品数量	损耗率	合计
面料（全棉竹节布）	大身、袖子、领口褶皱	0.92米	黑色	1 034件	3%	980米
		0.92米	深紫色	1 034件	3%	980米
		0.92米	姜黄色	1 034件	3%	980米
		0.92米	米色	1 034件	3%	980米
		0.92米	深蓝色	1 034件	3%	980米
缝纫线（A&E、COATS）	缝纫部位	16米	配色	5 170件	3%	与工厂师傅再次确认
印花	见细节图	1个	（见图）	5 170件	0	5 170个
洗标	见细节图	1个	（见图）	5 170件	0	5 170个
吊牌	见细节图	1个	（见图）	5 170件	0	5 170个
通用尺码贴	见细节图	1个	（见图）	5 170件	0	5 170个

采购明细表中，第一列是所需的原材料分解；第二列是使用部位；第三列是单耗；面料和缝纫线按照米来计算，其他按照个数来计算；第四列是颜色；第五列是各种颜色商品的数量，均为1 034件，其中，缝纫线需要的配色，各自计算，这里要与工厂师傅再次确认。其他印花、洗标等可以统一计算；第六列是损耗率，面料和缝纫线都按照3%来计算，其他按个数计的按0损耗来算，第七列为合计。其中，合计的面料采购总量=订单数量×（1+溢短装）×单耗×（1+损耗率）。比如黑色面料的采购数量=1 034×（1+0）×0.92×（1+3%）=979.818 4米，约等于980米。

二、制作采购单

在明确了原材料明细后，宁波诚通进出口贸易公司就准备给合作面料工厂宁波五彩布厂下面料采购单。辅料的采购单这里不做介绍，但有一点要注意，所有的辅料都需要明确具体的辅料供应商。要注意全棉竹节布的颜色要求与数量要求，尤其要注意面料的价格与成本的核算要相符。

采 购 单

采购单编号：_____
2020年5月29日

供应商：宁波五彩布厂
请供应以下产品：

规格/型号	品名	颜色	单位	数量	单价/元	金额/元	备注
克重：120克每平方米 门幅：120厘米	全棉竹节布	黑色	米	980	12.00 税票，含预缩	11 760	色牢度4级以上
		深紫色	米	980	12.00 税票，含预缩	11 760	
		姜黄色	米	980	12.00 税票，含预缩	11 760	
		米色	米	980	12.00 税票，含预缩	11 760	
		深蓝色	米	980	12.00 税票，含预缩	11 760	
合计	58 800.00 元	伍万捌仟捌佰元整					

交货日期：2020年6月10日前将货物一次性交到需方（宁波诚通公司）指定仓库。供方须严格按合同规定时间交货，若要延迟交货，须事先征得需方书面同意，否则由此造成相应订单的额外费用（空运费、配额、误事费、扣款等）和其他费用，均需由供方承担，并且需方有权取消合同，并提出索赔。

付款方式：货到交货地，经需方验收合格后付50%款项，其余60天后付款。

品质：
1. 大货缩水率需控制在3%以内，具体颜色、品质与2020年5月15日的小样相符，严格按大货确认样生产；
2. 实际生产数量允许为合同数的±1%；
3. 色牢度4级以上；
4. 供方所提供的产品，不得侵犯第三方的专利权、制造权、商标权和其他有关权利。

不良品处理：
1. 按产品责任法规定：货物出运后，供方仍需对其产品的品质、数量、颜色等负责。若因产品款式不符、包装或产品本身或其他缺陷和质量原因而造成索赔的，需方有权追索供方，供方有责任进行理赔。
2. 产品入库仅表明需方仓库对供方产品的数量验收，对于产品的质量、颜色等问题需由需方采购员验收。

其他：
1. 凡因执行本合同所发生的或与本合同有关的一切争议，应由双方通过友好协商解决。如果协商不成，可向需方所在地人民法院提起诉讼。
2. 本合同未涉及的事宜，经双方书面同意的协议可作为本合同的补充部分。

在采购单的制作过程中要把握几点：第一，采购单的产品内容要与采购明细表相符。第二，采购价格、交货日期和交货地点要依据加工合同与外销合同。举例说明，加工合同要求原材料在2020年6月10日送达供应商处，则采购单上面的交货日期必须与之相符，交货地点也必须正确。第三，采购价格与加工价格都应在成本预算内。

任务三　跟踪原材料

一、填写交期控制表

宁波诚通公司的面料采购单要求在 2020 年 6 月 10 日前完成所有全棉竹节布,根据宁波五彩布厂一车间生产能力,预计每天完成 1 000 米货物的生产,并进行检验。在生产之前,外贸跟单员小诚填写了交期控制表,并根据控制表的进度进行采购跟踪,记录实际生产状况,以便处理实际生产过程中的突发状况。

交期控制表是根据五彩布厂的生产能力及本订单所用的生产线制订的生产计划,以便在进度跟踪中对照控制。小诚填写的交期控制表如表 3 – 5 所示。

表 3 – 5　交期控制表

预定交期	请购日期	请购单号	物品名称	数量供应	供应商	单价	验收	日期	迟延日数
6/2	5/29	2020052901	全棉竹节布	2 000 米	宁波五彩布厂	¥12.00		预计 6/2	
6/4	5/29	2020052901	全棉竹节布	2 000 米	同上	¥12.00		预计 6/4	
6/5	5/29	2020052901	全棉竹节布	1 000 米	同上	¥12.00		预计 6/5	

二、填写采购进度跟踪表

从 6 月 1 日开始,小诚就开始关注宁波五彩布厂全棉竹节布的生产情况,根据工厂的生产情况及时填写采购进度跟踪表,如表 3 – 6 所示。

表 3 – 6　采购进度跟踪表

下单日	料号	名称	请购数	交期	供应商	进度情况	结案
5/29	11 – 18	全棉竹节布	2 000 米	6 月 2 日	宁波五彩布厂	已完成 2 100 米	按计划完成,色泽规格均符合要求,但是布匹的线头较多,需要进一步改进
5/29	11 – 18	全棉竹节布	2 000 米	6 月 4 日	宁波五彩布厂	完成 1 700 米	由于机器故障,生产进度缓慢,产品质量需进一步检验
5/29	11 – 18	全棉竹节布	1 000 米	6 月 6 日	宁波五彩布厂	完成 1 400 米	按要求完成所有产品生产,并有一定的超量,以弥补不良产品及产品缩水的短缺

根据生产进度跟踪表的安排，交货期比较紧张，没有多余的时间浪费，所以需对原材料生产跟紧，严格控制质量。宁波五彩布厂的生产能力较强，与诚通公司长期合作，故产品质量、生产进度等方面都比较了解，这对本订单交货有一定的保障，但仍不可放松，生产过程仍需要严格跟进。

（1）根据采购进度跟踪，在6月2日，已完成2 100米，工作进度理想，若按此进度，订单将提前完成。因为原材料的质量直接影响最后成品的质量，在完成进度的同时，需要注意质量把关。

（2）在第二批布匹生产时，由于机器故障，生产进度有一定影响。综合之前一批生产总量为3 800米，情况尚乐观，对产品质量仍需检验。

（3）在6月4日出现机器故障之后，小诚与五彩布厂生产车间管理人员进行沟通，在6月6日进行了加班，确保能按时交货。

任务四　检验并确认原材料

一、面料的检验

外贸跟单员小诚在布料的整个生产过程中，多次前往宁波五彩布厂查看全棉竹节布的生产情况，并且与宁波五彩布厂约定了检验时间。宁波五彩布厂没有质量检验的专业人员，因此外贸跟单员就要掌握该面料的检验方法。对于面料的质量检验，小诚通知了宁波五彩布厂的质量管理人员一同参与。如果在对五彩布厂生产的面料进行检验时，发现实际品质与合同要求有出入，应在第一时间与业务经理沟通联系，及时处理面料品质不良问题，坚决拒绝不符合质量要求的面料。

对于面料规格，小诚采用眼看和手摸的方法将面料与对照原样进行外观检测，判定五彩布厂生产的面料与合同要求及原样相符，为合格品。整个面料的检验过程还包含重量检查、缩水率检查、幅宽检查、色差、色牢度检查等方面。

比如重量检查，可以利用电子磅来检定布料的重量。利用圆形切样器，在每匹布料不同部位，切出100平方厘米的标准面积，然后放在测量布重电子磅上，屏幕便立即准确地显示该块布料的重量。

比如幅宽检查，在查验过程中，随意在每匹布料上取三个阔度，幅宽三点测量：开头、中间、结尾，测量时需要用硬尺，然后将结果记录在验布报告表上。每个颜色至少一卷，当抽验数大于10卷时按发货颜色总数的比例进行抽验。

比如色差、色牢度检查。每批布颜色应对照色卡。要在允许色差范围内对照色板，不是绝对相同，但必须是在可接受的范围之内。在同批货同缸内有色差，应该发出质量好的，扣下不良部分。每缸每色都需要一块色板。可以利用对色灯箱来检定布料颜色。使用灯箱有一点必须留意，就是不论色卡或货料，每次所用光源必须一致，否则所有颜色比较都是没意义的。

检验完成后对出现色差超过允许范围，或者连续性的起球，或者明显的折痕，或者修补痕迹等情况的布料必须返工或直接扣下不用。

如果外商提出布料里面不能含有偶氮等有害化学物质的测试要求，在一般情况下可以送往专业的检测中心检测，由此获得相应的检测报告。

二、原材料的交接

经过6天的生产，五彩布厂顺利完成了5 000米左右的面料生产，于2020年6月8日完成所有指定面料生产，并检验合格。同时宁波诚通公司也如期采购了生产所需的足量的辅料。外贸跟单员小诚在得知面料辅料生产完工后，与宁波大榭针织厂联系，确认在2020年6月9日能否正常接收货物，以及货物将存放的地点、仓库的堆放容量等情况。经确认，宁波大榭针织厂在2020年6月9日可以正常接收货物。于是，外贸跟单员小诚通知宁波五彩布厂在2020年6月9日将面料运至宁波大榭针织厂仓库，并告知具体地点，同时也将采购的辅料进行相同处理。通知入库后，小诚前往仓库对采购的面料、辅料进行了清点和核实。

★ 知识要点

一、采购的含义与原因

（一）采购含义

采购通常主要指组织或企业的一种有选择的购买行为，其购买的对象主要是生产资料。它包含两层基本意思：一层为"采"，即选择，从许多对象中选择若干个之意；另一层为"购"，即购买，通过商品交易的手段把所选对象从对方手中转移到自己手中的一种活动。

具体包含以下一些基本的含义：

1. 所有采购都是从资源市场获取资源的过程。
2. 采购既是一个商流过程，也是一个物流过程。
3. 采购是一种经济活动。

（二）采购原因

第一，生产企业因生产交货需要，在接单备货生产前，为控制和计算成本，需进行原材料等采购备料。

第二，生产企业因产品（成套）配套生产需要，向外企业采购相应零部件、组件、辅料。

第三，外贸公司等因来料加工、供料加工需要，需采购原材料、零部件、辅料提供给生产企业生产加工，有利于降低出口成本。

第四，外贸公司等因成套出口需要，需采购原材料、设备、零部件等，供生产企业配套，有利于降低出口成本。

第五，外贸公司在原材料价格上涨行情中，为锁定合同成本，确保对外合同的签订及签订后的正常履行，需进行原材料、零部件、辅料采购，向生产企业直接提供材料。其目的是提高原材料大幅上涨期的对外接单能力，锁定外销成本，避免出现外销合同签订后，国内生产厂家受原材料大幅上涨因素影响，提高产品价格，造成外贸公司对外履约经营损失。

(三) 原材料采购中经常出现的问题

外贸跟单员在下达原材料等采购单给原材料供应商之后，并不是万事大吉，为了保证原材料按时供应，外贸跟单员还有大量艰苦细致的工作要做。在原材料采购跟单工作中，外贸跟单员要事先预计到可能发生的问题，其关键环节主要在原材料供应商、采购方企业等控制方面。

1. 供应商方面的原因。

供应商的生产能力是否达到订单生产的要求；供应商生产质量是否满足本订单进口商对面料的要求。

2. 采购方企业方面的原因。

采购方对原材料供应商的生产能力或技术能力调查不深入，出现原材料供应商选定失误；采购方提供材料、零部件给生产方加工的供应延迟，造成生产方下道工序被延误；采购方与供应商沟通存在问题，采购单或指示联络事项阐述不清，指示联络不切实际，单方面指定交货期，业务手续不全造成工作耽误；采购方对供应商生产工艺等技术指导、图纸接洽、变更说明等不到位，质量要求不明确，造成产品交货不符要求；跟单员经验不足，确保货期意识不强，未能掌握供应商产能的变动，对进度掌握与督促不够。

二、原材料采购跟单的基本要求

原材料采购跟单的基本要求是要做到五个"适当"，分别是适当的交货时间、适当的交货质量、适当的交货地点、适当的交货数量及适当的交货价格。

(一) 适当的交货时间

适当的交货时间是指企业所采购的原材料在规定的时间获得有效的供应。它是外贸跟单员进行原材料采购跟单的中心任务。企业已安排好的生产计划若因原材料未能如期到达，会引起企业内部生产混乱，即会产生"停工待料"，产品不能按计划出货，引起客户强烈不满。若原材料提前太多时间购回，放在仓库里"等"着生产，会造成库存过多，大量积压采购资金，增加企业经营成本。

所谓"规定的时间"是指在预定的时间以最低的成本达成生产活动。对预先计划的原材料进货时间而言,迟于该时间固然不好,早于该时间也是不可行的。

交货的延迟,会阻碍生产活动的顺利进行,为生产现场及有关部门带来不良影响。由于原材料进货的延误,出现生产待料空等或延误,导致生产效率下降;为追上生产进度,需要加班或增加员工,致使人工费用增加;采用替代品或使用低品质的原材料,造成产品质量不符合要求,引起纠纷;交货延误的频率越高,跟催工作费用就越高。

提早交货也会增加经营成本。不急用的货品提早交货,会增加采购方仓储费、短途搬运费等费用;供应商提前交货,采购方提前付款,增加采购方库存货物的资金占有时间,导致资金使用效率下降;允许供应商提早交货,会导致供应商发生其他交货的延迟。因为供应商为提高自身资金使用效率,会优先生产高价格的货品以提早交货,这样就会造成其他低价格产品的延迟交货。

(二) 适当的交货质量

跟单员不能只看交货时间,适当的交货质量是跟进工作的重点之一。所谓适当的交货质量,是指供应商所交的一系列商品可以满足企业使用要求。过低的质量要求是不容许的,但过高的质量会导致成本提高,削弱产品的竞争力,这同样不可取。

原材料质量达不到企业使用要求的后果是严重的:会导致企业内部相关人员花费大量的时间与精力去处理,增加大量管理费用;会导致企业在重检、挑选上花费额外的时间与精力,造成检验费用增加;会导致生产线返工增多,降低生产效率;会导致生产计划推迟,有可能引起不能按承诺的时间向客户交货,从而降低客户对企业的信任度;会引起客户退货,导致企业蒙受严重损失,甚至丢失客户。

(三) 适当的交货地点

为了减少企业的运输与装卸费用,外贸跟单员在进行原材料跟单时应要求供应商在适当地点交货。这些适当的地点可以是港口、物流中心企业的仓库,甚至是企业的生产线上。只要离企业最近、方便企业装卸运输的地点都是适当的交货地点。

因此,跟单员应重点选择那些离企业近、交通方便的供应商。因为交货地点不当,会增加相关的运输、装卸和保管成本。

(四) 适当的交货数量

适当的交货数量是指每次交来的原材料刚好够企业用,不产生更多的库存。交货数量并不是越多越好,企业资金占用、资金周转率、仓库储存运输等成本都将直接影响企业采购成本。外贸跟单员应根据资金周转率、储存运输成本、原材料采购计划等综合计算出最经济的交货量。采购所需用的数量,不会或很少产生仓库库存,可以节省仓储费用,避免装卸费用增加;采购所需要的数量,不会发生因产品设计变更或采用替代材料时,出现库存待料,既节省材料款,又不会使仓储费用持续发生。

(五) 适当的交货价格

所谓适当的交货价格是指在市场经济条件下,对企业及供应商双方均属适当的价格，并且要与市场竞争、交货质量、交货时间及付款条件相称。外贸跟单员长期与众多供应商打交道，对原材料价格十分熟悉。因此，在跟单时要十分注意交货的价格。

三、相关的测试与认证

（一）服装面料的测试

服装面料的测试涉及外观性能、使用性能以及功能性能，测试项目非常多。可以测试主料及辅料的格条对色、疵点（如破洞、漏针、跳针）等外观性能，可以测试面料规格、克重、成分、匹长、幅宽、厚度、起毛起球、缩水率、色牢度（日晒、水洗、干/湿摩擦、沾色）、撕裂强度、耐磨强度等使用性能，也可以测试阻燃性、透气性、防水性、防绒性、保暖性等功能性能，具体如表3-7所示。

表3-7　测试项目

服装或面料的测试项目	
性能名称	测试项目
外观性能	主料及辅料的格条对色、疵点（如破洞、漏针、跳针）等
使用性能	面料规格、克重、成分、匹长、幅宽、厚度、起毛起球、缩水率、色牢度（日晒、水洗、干/湿摩擦、沾色）、撕裂强度、耐磨强度等
功能性能	阻燃性、透气性、防水性、防绒性、保暖性等

（二）相关的认证

为了确保商品质量符合设计和市场要求，有些外商会要求出口商将相关样品寄到某个指定测试机构测试，测试合格后加贴某种特殊的标志，其实质是对产品质量的认证。目前，比较常见的相关认证有针对纺织服装的生态纺织品认证STANDARD 100 BY OEKO-TEX®，针对欧洲市场的CE认证，针对美国和加拿大市场的UL认证，针对英国市场的UKCA认证，针对沙特阿拉伯的SABER认证等。

1. STANDARD 100 BY OEKO-TEX®

STANDARD 100 BY OEKO-TEX®是包括纺织品初级产品、中间产品和终产品等所有加工级别在内的全球统一的纺织品检测和认证系统。在整个纺织生产链中，OEKO-TEX®证书是企业进入世界市场的一把全球有效的钥匙。只有在对纺织品进行了有害物质检测，并且产品满足一系列标准的前提下，产品才可以带有"信心纺织品"标签。

2. CE认证

CE认证，即只限于产品不危及人类、动物和货品的安全方面的基本安全要求，而不是一般质量要求。"CE"标志是一种安全认证标志，被视为制造商打开并进入欧洲市场的护照。在欧盟市场"CE"标志属强制性认证标志，不论是欧盟内部企业生产的产品，还是其他国家生产的产品，要想在欧盟市场上自由流通，就必须加贴"CE"标志，以表明产品符合欧盟《技术协调与标准化新方法》指令的基本要求。这是欧盟法律对产品提出的一种强制性要求。

3. UL 安全试验所

UL 安全试验所是美国最有权威的，也是世界上从事安全试验和鉴定的较大的民间机构。它采用科学的测试方法来研究确定各种材料、装置、产品、设备、建筑等对生命、财产有无危害和危害的程度，确定、编写、发行相应的标准和有助于减少及防止造成生命财产受到损失的资料，同时开展实情调研业务。UL 认证在美国属于非强制性认证，主要是产品安全性能方面的检测和认证。

4. UKCA 认证

2020 年 9 月 1 日，英国政府正式宣布，英国脱离欧盟，2021 年 1 月 1 日正式开始使用英国合格评定（UKCA）认证标志。因此大多数目前在 CE 标志管控范围内的产品将来如果要出口到英国市场（英格兰、威尔士以及苏格兰），都必须加贴"UKCA"标志。UKCA 将作为英国市场产品强制准入标志，而所有相关产品均须符合"BS"开头的英国国家标准。

5. SABER 认证

2019 年 1 月 1 日起，SABER 的新认证计划在沙特阿拉伯启动，此计划将取代原有的 SASO 发证计划；2020 年 1 月 15 日起，SABER 认证全面取代旧的 SASO 认证，所有产品都要执行 SABER 认证才能顺利清关。SABER 认证，是针对非沙特本土企业（即出口至沙特的企业）进行的符合性认证评估计划。SABER 是一个旨在促进新的沙特产品安全计划的系统，在 SABER 中注册和存储的数据包括技术数据/测试报告，用于验证运输物品的安全方面，以及运输文件，如原产地证书、商业发票和提单。SABER 证书的重要性在于，确认产品是否符合沙特阿拉伯的标准和规范，并在进口任何高风险或中等风险产品时保护投资者免受欺诈，同时防止虚假和不合格产品，确保产品不会影响消费者的健康和安全。

四、采购单跟踪流程

采购单跟踪是外贸跟单员花费精力最多的环节，对于那些长期合作的、信誉良好的供应商，可以不进行采购单跟踪。但一些重要或紧急的原材料的采购单，外贸跟单员则应全力跟踪。

（一）跟踪原材料供应商的生产加工工艺

原材料生产加工工艺是进行加工生产的第一步，对任何外协件（需要供应商加工的原材料）的采购单，跟单员都应对供应商的加工工艺进行跟踪。如果发现供应商没有相关加工工艺和能力，或者加工工艺和能力不足，应及时提醒供应商改进，并提醒供应商如果不能保质、保量、准时交货，则要按照采购单条款进行赔偿，甚至取消今后的采购。

（二）跟踪原材料

备齐原材料是供应商执行工艺流程的第一步。外贸跟单员必须实地考察了解供应商实际情况。遇到与供应商所述不符的情况时，外贸跟单员必须提醒供应商及时准备原材料，不能存在马虎心理，特别是对一些信誉较差的供应商要提高警惕。

（三）跟踪加工过程

不同原材料的生产加工过程是有区别的，为了保证货期、质量，外贸跟单员需要对加工过程进行监控。对有些原材料的采购，其加工过程的质检小组应有外贸跟单员参加。对于一次性大开支的项目采购、设备采购、建筑材料采购等，外贸跟单员要特别重视。

（四）跟踪组装总测

外贸跟单员有时需向产品零部件生产厂家采购成批零部件，其中有的零部件需要组装，因此必须进行组装检测。例如，出口企业接到电脑整机订单，该企业直接向五家企业下达零部件采购计划，分别采购电源总成、键盘、显示器、主板、音箱等，指定另一家企业进行总装交货。外贸跟单员需要对电源总成、键盘、显示器等采购进行组装测试。对这些零部件组装总测是完成整机产品生产的重要环节。这一环节的完成，需要外贸跟单员有较好的电子技术背景和行业工作经验，否则，即使跟踪也达不到效果。

（五）跟踪包装入库

此环节是整个原材料、零部件跟踪环节结束点。外贸跟单员要与供应商联系，了解原材料、零部件最终完成的包装入库信息。对重要的原材料、零部件外贸跟单员应去供应商的仓库查看。

（六）采购单

采购单其实就是一份订货合同，是原材料采购跟单的重要依据之一，也是双方交货、验收、付款的依据。采购单的内容特别侧重交易条件（包含名称、规格、型号、颜色、单位、数量、单价和总价）、交货日期与交货地点、运输方式、付款方式等。有时在采购单的背面，会有附加条款的规定，这也构成采购单的一部分。其主要内容包括：

1. 交货方式：新品交货附带备有零件、交货时间与地点等规定。
2. 验收方式：检验设备、检验费用、不合格品退换等规定，多交或少交数量的处理。
3. 处罚条款：迟延交货或品质不符的扣款、赔款处理或取消合约的规定。
4. 履约保证：按合约总价百分之几退还或没收的规定。
5. 品质保证：保修或保修期限，无偿或有偿换修等规定。
6. 仲裁或诉讼：对买卖双方的纷争，约定仲裁的订单或诉讼法院的地点。
7. 其他：例如卖方保证买方不受专利权分割的诉讼等。

空白的采购单模版如下所示：

采 购 单

采购单编号：_____

年　月　日

供应商：

请供应以下产品：

规格/型号	品名	颜色	单位	数量	单价	金额	备注
合计							

1. 交货日期和交货地点：

2. 供方所提供的产品，不得侵犯第三方的专利权、制造权、商标权和其他有关权利。

3. 供方须严格按合同规定时间交货，若要延迟交货，须事先征得需方书面同意，否则由此造成相应订单的额外费用（空运费、配额、误事费、扣款等）和其他费用，均需由供方承担，并且需方有权取消合同，并提出索赔。

4. 按产品责任法规定：货物出运后，供方仍需对其产品的品质、数量、颜色等负责。若因产品款式不符、包装或产品本身或其他缺陷和质量原因而造成索赔，需方有权追索供方，供方有责任进行理赔。

5. 产品入库仅表明需方仓库对供方产品的数量验收，对于产品的质量、颜色等问题需由需方采购员验收。

6. 付款方式：

7. 凡因执行本合同所发生的或与本合同有关的一切争议，应由双方通过友好协商解决。如果协商不成，可由需方所在地人民法院提起诉讼。

8. 其他：本合同未涉及的事宜，经双方书面同意的协议可作为本合同的补充部分。

五、采购单跟踪的注意要点

采购单发放给供应商后，外贸跟单员并不是可以高枕无忧地等供应商把所采购的原材料按质、按量送达指定仓库。外贸跟单员需要在预定的交货期开始前几天提醒供应商，一方面给供应商适当的压力，另一方面可及时发现供应商能否按期交货或能否交够所需数量等情况，从而尽快采取相应措施。这里就要关注催单的方法，催单的目的是使供应商在必要的时候送达所采购的原材料（零部件），以使企业的经营成本降低。

（一）催单的方法

催单的方法主要有按采购单跟催和定期跟催两种。按采购单跟催是指按采购单预定的进料日期提前一定时间进行跟催。通常采用以下方法有：

1. 联单法。将采购单按日期顺序排列好，提前一定时间进行跟催。

2. 统计法。根据采购单统计报表，提前一定时间进行跟催。

3. 跟催箱法。制作一个有30个格子的跟催箱，将采购单依照日期顺序放入跟催箱中，每天跟催相应采购单。

4. 计算机提醒法。利用微软OUTLOOK系统中的日历安排计划功能，将每月需要办理的催单事项输入日历，每天上班开机，打开OUTLOOK系统，它会自动提醒跟单员当天需要办理的事项。

定期跟催一般在每周固定时间，将要跟催的采购单整理好，打印成报表定期统一跟催。

采用以上方法的目的是保证跟单员不因工作繁忙而遗漏重要事项。

（二）催单的规划

1. 一般监控

外贸跟单员在下达采购单或签订采购合同时，就应决定监控的方法。倘若采购的原材料为一般性、非重要性的商品，则仅作一般的监控即可，通常仅需注意是否能按规定的期限收到检验报表，有时可用电话查询实际进度。但若采购的原材料较为重要，可能影响企业的营运，则应考虑另作周密的监控。

外贸跟单员要了解实际进度，可从供应商的进度信息中获得，如供应商的进程管理信息、生产简报中的信息、供应商依约定送交的定期进度报表等，或直接去供应商企业了解。

对于较重大的业务，外贸跟单员可在采购单或采购合同中明确规定，供应商应编制预定进程进度。此项内容可在报价说明中或招标须知中列明，并应在采购单或采购合同中明确约定。所谓预定进程进度表，应包括全部筹划供应生产的进程，如企划方案、设计方案、采购方案、生产企业产能扩充、工具准备、组件制造、分车间装配生产、总装配生产、完工试验及装箱交运等全过程。此外，应明确规定供应商必须编制实际进度表，将预估进度并列对照，并说明延误原因及改进措施。

2. 生产企业实地考察

对于重要原材料（零部件）的采购，除供应商按期递送进度表外，外贸跟单员还可以前往供应商生产企业进行实地考察。此项考察，应在采购单内明确约定，必要时可派专人驻厂监督。

（三）催单的工作要点

外贸跟单员要进行有效的催单，必须要做好交货管理的事前规划、事中执行与事后考核。

1. 事前规划

事前规划包括：确定交货日期及数量；了解供应商生产设备利用率；供应商提供生产计划表或交货日程表；提高供应商的原材料及生产管理；准备替代来源。

2. 事中执行

事中执行包括：了解供应商备料情况；企业提供必要的材料、模具或技术支援；了解供应商的生产效率；加强交货前的催单工作；交货期及数量变更的通知；企业尽量减少规格变更。

3. 事后考核

事后考核包括：对交货迟延的原因进行分析并做好对策措施准备；分析是否需要更换供应商；执行对供应商的奖惩办法；完成采购单后对余料、模具、图纸等收回及处理。

六、原材料检验的步骤

原材料检验分四个步骤：一要确定检验日期；二要通知检验人员；三要进行原材料检验；四要处理质量检验问题。

（一）确定检验日期

一些原材料、大型零部件，如铜材、PVC、机械部件、成套设备部件、大型电子装置部件等，往往需要外贸跟单员到供应商现场检验；有些原材料，如电子元器件、轻小型物品等，供应商可将原材料、零部件送采购方检验。外贸跟单员应与供应商商定检验日期及地点，以保证较高的检验效率。

（二）通知检验人员

对有质量检验专业人员的企业，外贸跟单员应主动联系质量检验专业人员一同前往检验地点进行原材料、零部件的检验。没有质量检验专业人员的企业，外贸跟单员除要掌握产品的检验方法外，还要通知供应商质量管理人员一同参与。安排检验要注意原材料、零部件的轻重缓急，对紧急原材料、零部件要优先检验。

（三）进行原材料检验

对一般原材料，采用正常的检验程序；对重要原材料，或供应商在此一系列供应上存在质量不稳定问题的，则要加严检验；对不重要的原材料，或者供应商对此原材料供应一直保持较好的质量稳定性，则可放宽检验。原材料检验的结果分为两种情况：合格材料、不合格材料。不合格材料的缺陷种类有：致命缺陷、严重缺陷、轻微缺陷。检验的结果应以数据检测以及相关记录描述为准。

（四）处理质量检验问题

对于有严重缺陷的原材料，外贸跟单员应要求供应商换货；对于有轻微缺陷的原材料，外贸跟单员应与质量管理人员、设计工艺人员协商，同时考虑生产的紧急情况，确定是否可以待用。对于偶然性的质量问题，外贸跟单员要正式书面通知供应商处理；

对于多次存在的问题，外贸跟单员应提交企业质量管理部门正式向供应商发出的《质量改正通知书》，要求供应商限期改正质量问题。对于出现重大质量问题的，则由采购方企业组织专题会议，参加人员应有设计人员、工艺人员、质量管理人员、外贸跟单员等，讨论质量问题的对策，确定是因为设计方案的问题还是供应商的问题。前者要修改设计方案，后者要对供应商进行处理，包括扣款、质量整改、降级使用、取消供应商资格等。

七、原材料的接收入库

（一）原材料的接收

原材料的接收涉及货仓、品质、原材料控制、财务等诸多部门，外贸跟单员要在中间沟通协调。

第一，外贸跟单员要与原材料供应商沟通协调确定送货时间。供应商在没有得到采购方许可的情况下送货，会导致跟单操作过程的混乱，导致仓储费用增加。如果跟单员在没有和供应商协调确定的情况下，通知供应商立即送货，则可能导致原材料不能按期到达。

第二，外贸跟单员要协调仓库的接收。企业仓库每天要进出大量的原材料、零部件、成品、半成品等，其过程有卸货、验收、入库信息操作、库房空间调配等。对于大数量、大体积的原材料，可能因为库房没有接收计划（主要是存储空间不够）而临时拒绝接收。在供应商送货前，外贸跟单员一定要协调好仓库部门的接收工作，否则会出现供应商送货人员及运输车辆需要等待较长时间的情况，甚至会出现原材料被拉回供应商所在地的情况。

第三，外贸跟单员在经过以上两项工作后，即可通知供应商送货。供应商在得到送货通知后，应立即组织专职人员进行处理，将原材料送至指定仓库。不过在特殊情况下，如外贸跟单员得到公司通知此项原材料所属产品已经停产，并且没有任何产品能够使用此项原材料，应立即通知供应商停止送货活动，由公司与供应商商谈相应的赔偿事宜。

（二）原材料的入库

原材料的库房接收过程包括：

（1）检查即将送达的货物清单信息是否完整（包括原材料的采购单、型号、数量等）。

（2）接收原材料，对采购单进行核查。

（3）检查送货单据及装箱单据。

（4）检查包装与外观。只有原材料检验合格后才能卸货。

（5）卸货，清点原材料，搬运入库。

（6）填写"原材料入库单据"。只有原材料检验合格后才能填写一系列入库单。

（7）将原材料入库信息录入存储信息系统。

(8) 处理原材料（零部件）接收问题。

入库的流程如图3-1所示。

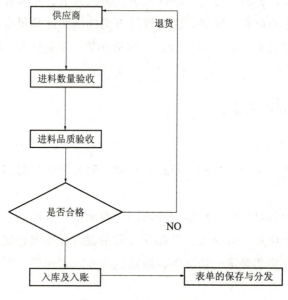

图3-1 入库流程

由于供应商或者外贸跟单员方面的原因，原材料（零部件）在接收环节上可能会出现以下问题：原材料（零部件）型号与采购单中的要求不一致；未按照采购单中指定的原材料数量送货；交货日期不对；原材料的包装质量不符合要求；等等。遇到此类问题，外贸跟单员需要与有关领导一同协调解决。

课堂实训

一、根据以下内容制作一份采购单，外销合同可详见项目一课堂实训中的女士夹克订单的背景资料。

……
DESCRIPTION OF GOODS: LADIES JACKET
QUALITY:
SHELL: 100% COTTON TWILL 20 × 16/128 × 60, REACTIVE DYED, STONE WASHED
LINING: 100% POLYESTER, BODY 140G, SLEEVE 120G
UNIT PRICE: USD7.10/PC FOB NINGBO
QUANTITY: 14,400PCS

SIZE SPECIFICATION	S	M	L	XL	XXL
	36/38	38/40	40/42	42/44	44/46
1/2 CHEST	54	56	59	62	65
1/2 WAIST	52	54	57	60	65
1/2 BOTTOM	56	58	61	64	67
LENGTH AT CB	62	64	66	68	70
WHOLE SHOULDER	45	46	47	48	49
ARMHOLE STRAIGHT	26	27	28	29	30
SLEEVE	62	63	64	65	66
CUFF WIDTH	16	16	17	18	18
NECK WIDTH	22	22	23	23	24
FRONT NECK DROP	7	7	7	7	7
NECK HEIGHT AT CB	8	8	8	8	8
SUBJECT OF APPROVAL SAMPLE					

……

宁波诚通公司对其合作面料供应商宁波五彩布厂下了面料采购单，请制作完成如下的面料采购单。

采 购 单

采购单编号：_____

年 月 日

供应商：

请供应以下产品：

规格/型号	品名	颜色	单位	数量	单价	金额	备注
合计							

1. 交货日期和交货地点：
2. 供方所提供的产品，不得侵犯第三方的专利权、制造权、商标权和其他有关权利。

续表

3. 供方须严格按合同规定时间交货，若要延迟交货，须事先征得需方书面同意，否则由此造成相应订单的额外费用（空运费、配额、误事费、扣款等）和其他费用，均需由供方承担，并且需方有权取消合同，并提出索赔。
4. 按产品责任法规定：货物出运后，供方仍需对其产品的品质、数量、颜色等负责。若因产品款式不符、包装或产品本身或其他缺陷和质量原因而造成索赔的，需方有权追索供方，供方有责任进行理赔。
5. 产品入库仅表明需方仓库对供方产品的数量验收，对于产品的质量、颜色等问题需由需方采购员验收。
6. 付款方式：
7. 凡因执行本合同所发生的或与本合同有关的一切争议，应由双方通过友好协商解决。如果协商不成，可由需方所在地人民法院提起诉讼。
8. 其他：本合同未涉及的事宜，经双方书面同意的协议可作为本合同的补充部分。

二、根据要求制作采购单。订单为男式长袖衬衫，已经确定国内加工厂为宁波FYD服饰有限公司，合作面料供应商为宁波五彩布厂，请根据项目一衬衫订单的背景资料，拟定一份采购单。

三、请分析如下订单中的原材料要求。

FABRIC QUALITY/WEIGHT FOR BODY	92% NYLON 8% SPANDEX 240/250GSM
STRAP & BINDING COLOR	BLACK
BODY COLOR	FASHION COLOR
BOTTOM RIB COLOR	FASHION COLOR WITH BLACK（1/4)" TIPPING
(3/8)" BINDING QUALITY	SELF
(3/8)" BINDING COLOR	BLACK
BTTM HEM QLTY	SELF IN 2X1 RIB PLS SEE SHOP-SAMPLE
REMOVABLE BRA PAD QUALITY	SEE REFERENCE SAMPLE SENT FOR QUALITY AND THICKNESS
REMOVABLE BRA PAD COLOR	TBA
THREAD QUALITY	300D SHINEY POLY-STRETCH DTM

四、模拟练习交期控制表、采购进度跟踪表的制作。

同步训练

一、单项选择题

1. 外贸跟单员进行原材料采购跟单工作的中心任务是确定（　　）。

   A. 交货时间合理　　　　　　　　B. 交货价格合理

   C. 交货地点合理　　　　　　　　D. 交货数量合理

2. 不是属于供应商由于管理方面原因所造成的原材料供应不及时现象的是（　　）。

   A. 质量管理不严　　　　　　　　B. 转包管理不严

   C. 交货期忽视　　　　　　　　　D. 超过产能接单

3. 以下哪些不是属于供应商因管理方面原因造成原材料供应不及时？（　　）

   A. 质量管理不到位　　　　　　　B. 对再转包管理不严

   C. 交货期责任意识不强　　　　　D. 超过产能接单

4. 以下哪些不是属于原材料供应商在生产能力方面出现的问题？（　　）

   A. 生产交货时间计算错误

   B. 临时急单插入

   C. 小批量订单需合起来生产

   D. 需调度的材料、零配件采购延迟，生产量掌握不准确

   E. 不合格品产生较多

5. 适当的交货地点是指（　　）。

   A. 供应商企业的仓库

   B. 采购商仓库

   C. 供应商企业的生产线上

   D. 只要离企业最近，方便取用装卸运输的地点都是适当的交货地点

6. 外贸跟单员花费精力最多的跟单环节是（　　）。

   A. 制作采购单　　　　　　　　　B. 内部报批

   C. 采购单跟踪　　　　　　　　　D. 原材料检验

7. 外贸跟单员跟踪采购单的最后环节是（　　）。

   A. 跟踪原材料供应商的生产加工工艺

   B. 跟踪原材料

   C. 跟踪加工过程

   D. 跟踪包装入库

二、多项选择题

1. 原材料采购跟单的原材料应包括（　　）。

   A. 零部件　　　　　　　　　　　B. 说明书

   C. 辅料　　　　　　　　　　　　D. 原材料采购设备

2. 以下由于采购商原因而使原材料供应不及时的是（　　）。

A. 采购方对原材料供应商的生产能力或技术能力调查不深入，出现原材料供应商选定失误

B. 采购方提供材料、零部件给生产方加工的供应延迟，造成生产方下达工序加工耽误

C. 采购方与供应商沟通存在问题，采购单或指示联络事项阐述不清，指示联络不切实际，单方面指定货期，业务手续不全造成工作耽误

D. 采购方对供应商生产工艺等技术指导、图纸接洽、变更说明等不到位，质量要求不明确，造成产品交货不符要求

3. 以下属于原材料跟单的基本要求是（　　）。

A. 适当的交货时间

B. 适当的交货质量

C. 适当的交货地点

D. 适当的交货数量

4. 如果交货期延迟，会产生哪些影响？（　　）

A. 由于原材料进货的延误，出现生产待料空等或延误，导致生产效率下降

B. 为追上生产进度，需要加班或增加员工，致使人工费用增加

C. 采用替代品或使用低品质的原材料，造成产品质量不符合要求，引起纠纷

D. 交货延误的频率越高，跟催工作费用就越高

5. 外贸跟单员在做催单的事前规划工作时，重点应该注意（　　）。

A. 确定交货日期及数量

B. 了解供应商生产设备利用率

C. 提高供应商的原材料及生产管理

D. 准备替代来源

三、判断题

1. 所采购的原材料的交货时间宜早不宜迟，因此交货期越早越好。（　　）

2. 对于原材料采购的交货地点，只要离企业最近、方便企业装卸运输的地点都是适当的交货地点。（　　）

3. 价格的确定是其他人交代的，是其他人的责任，外贸跟单员不需要进行价格的确认。（　　）

4. 一般而言，长期合作的供应商的报价是最低的。（　　）

5. 《采购原材料辅料申请单》通常由外贸跟单员制作。（　　）

6. 外贸跟单员应该先于供应商协调送货并且跟仓库协调接收后再通知供应商送货，否则会引起货物入仓的混乱。（　　）

7. 外贸跟单员应确认原材料采购量，原材料的采购数量应与对外合同、订单总量

相匹配。（　　）

8. 外贸跟单员跟踪原材料主要是监督供应商是否已经按要求备齐原材料。（　　）

9. 对于重要原材料（零部件）的采购，除要求供应商按期递送进度表外，外贸跟单员还可以前往供应商生产企业进行实地考察。（　　）

10. 对重要的原材料、零部件的包装入库，跟单员应去供应商的仓库查看。（　　）

四、案例题

1. 小王是 A 公司新进的外贸跟单员。最近公司接到国外客户的一个大单，国外客户对原材料的要求比较严格，A 公司选定了一家供应商，业务经理让小王负责这个单子的跟进工作。对于没有任何工作经验的小王来说，这个工作的确是个不小的挑战。你觉得小王应该怎样进行催单规划，以确保原材料能按要求供应？

2. 小李是公司新来的外贸跟单员，刚大学毕业，没有任何工作经验，负责一批纯棉布订单的跟单工作，在跟供应商企业协调时，他告诉供应商订单只要完成就立即送货。你认为小李的送货安排是否合理，为什么？

项目四 管控生产进度

培养目标

知识目标

掌握生产进度跟单的要求；
掌握生产进度跟单的流程；
掌握生产通知单的主要内容；
掌握生产进度跟踪的方法；
掌握生产制造过程的质量控制要求。

能力目标

能协助生产通知单与生产计划的制定；
能及时跟踪生产进度；
能处理生产异常情况。

素质目标

善于沟通，团队合作；
认真负责，灵活应变。

项目导入

宁波诚通公司 2020 年 5 月接到澳大利亚老客户的女士短袖订单，并确定宁波大榭针织厂为短袖 T 恤的加工厂，在项目三中业务一部跟单员小诚从宁波五彩布厂采购了面料，并从相关供应商处采购了各类辅料，2020 年 6 月 9 日，各类原材料已到达宁波大榭针织厂，订单即将进入大货生产阶段，相关资料如下所示：

BRAND：BAY STUDIO SEASON：SUMMER 2021 QUANTITY：5,170 SIZE SCALE：S－M－L－XL SIZE RATIO：1－2－3－3 CONTENT：100% COTTON SLUB JERSEY FABRIC TYPE：SLUB JERSEY	
COLOR	UNITS
DN345：BLACK	1,034
DN346：DARK PURPLE	1,034
DN347：GINGER	1,034
DN348：MACADAMIA	1,034
DN349：OCEAN DEPTHS	1,034

PRE-PRODUCTION SAMPLES: 5 PCS PER COLOR SIZE L BEFORE JUN. 14, 2020.

TERMS OF SHIPMENT: FROM NINGBO, CHINA TO MELBOURNE, AUSTRALIA, NOT LATER THAN JUL. 20, 2020. PARTIAL SHIPMENT AND TRANSHIPMENT NOT ALLOWED.

PACKING: EACH TO BE PACKED IN A PLASTIC BAG, 5PCS WITH SOLID COLOR AND SIZE IN A SMALL BOX AND THEN 10 BOXES TO AN EXPORT CARTON. EACH PIECE ARMS FOLDED ACROSS CHEST AND THEN HALF FOLDED; ENSURE THAT CARTON IS FULL USED, NO SQUASHING OF GOODS INSIDE.

任务一 落实生产

落实生产这个环节主要包含三个步骤：

第一，先要进行产前试样。大货生产前要使用大货原料和辅料按工艺要求进行试样，由品质管理部对产前样进行检验，并由客商确认后，方可进行大货生产。

第二，产前试样得到外商确认后，外贸跟单员就可以协助加工生产企业下达生产通知单，生产通知单要重点明确产品的名称、规格型号、数量、包装、出货时间等要求。

第三，外贸跟单员应该协助企业的生产管理部根据加工合同的有关内容编制生产计划，包括生产、包装、检验和运输等全过程，并确定各工序的执行车间或部门。

一、产前样

宁波诚通公司外贸跟单员小诚从宁波五彩布厂采购了面料，并从相关供应商处采购了各类辅料，2020年6月9日各类原材料已到达宁波大榭针织厂。订单要求在2020年6月14日前提交五个颜色L码产前样各一件。因此外贸跟单员小诚重点关注产前样的制作过程。

外贸跟单员一定要非常重视服装的产前样。在大货前，尽量完成应有的改善，这样在实际大货生产时，就不需要改变太多。为使大货的生产顺畅，外贸跟单员可以协助工厂技术人员将较复杂的工序简单化。在不改变产品外观的情况下，多建议改良运用特种车和特殊工具来代替平车和手工作业，以节省时间，提高效率。在整个产前样过程中，必须记录制作过程中所遇到的任何问题，包括裁片、物料、纸板、车缝方法和品质等，以及需要特别注意的工序及操作技巧等。制作产前样时，大货的原料和辅料已经备齐，产前样最能反映产品的工艺和性能。外商可以从产前样中确认这批货的工艺与品质，这是非常关键的一步。

宁波大榭针织厂在 2020 年 6 月 11 日完成了产前样的制作，品质管理部对产前样进行检验后确认符合要求，外贸跟单员小诚将五件产前样寄送给澳大利亚的客户。2020 年 6 月 13 日，宁波诚通进出口贸易公司收到澳大利亚客户的电子邮件，内容如下："你公司于 2020 年 6 月 13 日寄送的产前样经我方质检部确认，我方对产前样非常满意，请依产前样生产大货。"

二、下达生产通知单

产前样符合外商要求后，跟单员小诚就开始协助宁波大榭针织厂下达生产通知单。生产通知单的内容包括订单编号、订货客户、产品名称、规格型号、交货方式、各种日期、生产数量、工艺要求，质检要求、包装要求等。

从订单可知，外商要求女士短袖 T 恤的交货时间为 2020 年 7 月 20 日前，装运港为宁波港，同时给出了女士 T 恤的包装要求：EACH TO BE PACKED IN A PLASTIC BAG, 5PCS WITH SOLID COLOR AND SIZE IN A SMALL BOX AND THEN 10 BOXES TO AN EXPORT CARTON. EACH PIECE ARMS FOLDED ACROSS CHEST AND THEN HALF FOLDED, ENSURE THAT CARTON IS FULL USED, NO SQUASHING OF GOODS INSIDE. 要求每件 T 恤袖子折后再对折，一件装一个塑料袋，5 件同色同码装入一小盒，10 盒装一出口标准纸箱，确保纸箱的货不被挤压。2020 年 6 月 15 日，外贸跟单员小诚协助宁波大榭针织厂下达了生产通知单（表 4-1）。

表 4-1 生产通知单

加工部门	生产一组、二组、三组、四组				
订单编号	500756	订货客户	宁波诚通进出口有限公司	通知日期	2020.06.15
产品名称	女士短袖 T 恤	交货方式	完工一次性交货	生产日期	2020.06.15—2020.07.12
规格型号	DN345 黑色 DN346 深紫色 DN347 姜黄色 DN348 米色 DN349 深蓝色	交货日期	2020.07.14	完工日期	2020.07.12
生产数量	每个型号各 1 034 件，五个型号共 5 170 件（其中每个型号产前样 L 码一件已经除外）（每个型号 S，M，L，XL 比都为 1:2:3:3）	特别规定事项：保证服装品质合格外，必须确保所有标唛准确无误。各尺码规格详见附件图			
工艺要求	样衣、纸样工艺单等见技术科资料				
质检要求	工人自检，互检，QC 专检；大货完工后抽样检查				

续表

包装要求	每件T恤袖子后折再对折，详见图样，一件装一个塑料袋，5件同色同码装入一小盒，10盒装一出口标准纸箱，尾箱必须注明。胶袋和纸袋外必须印刷"可循环标志"						
使用材料							
序号	料号	品名	规格	单位	单机用量	标准用量	损耗率
生产方法							
附件							

整个生产通知单制作时要注意的点有以下几个：

第一，产品的规格型号需清楚注明，以便生产部门下达任务。如表格中女士短袖T恤有DN345黑色，DN346深紫色，DN347姜黄色，DN348米色，DN349深蓝色五种型号。

第二，产品的数量、各尺码的要求等都要清楚明白。比如表格中每个型号各1 034件，五个型号共5 170件，（每个型号S，M，L，XL比都为1∶2∶3∶3）。由于其中每个型号产前样L码一件已经除外，所以给出的产品数量要求可以如表4-2所示。

表4-2 产品数量

单位：件

型号	S	M	L	XL	总计
DN345 黑色	115	230	345-1=344	345	1 034
DN346 深紫色	115	230	345-1=344	345	1 034
DN347 姜黄色	115	230	345-1=344	345	1 034
DN348 米色	115	230	345-1=344	345	1 034
DN349 深蓝色	115	230	345-1=344	345	1 034

第三，要关注几个时间，通知单里包含通知日期、生产日期、完工日期与交货日期。交货日期需根据工厂的生产能力及订单的最终交货时间确定。首先，要确保早于外销合同的交货时间，因工厂交货之后，诚通公司需要进行出口制单、报检报关等出口手续，需有足够的时间进行安排，一般预留3~5天。其次，生产日期需根据工厂实际的生产能力进行安排。工厂实开多少条生产线给诚通公司的订单，每条生产线的生产能力，在合同范围内是否可保质保量完成，都需确定。

第四，对产品的检验要求，符合哪种标准等都需一一写明。外商特别重视产品的质量，外贸跟单员要引起足够的重视。

第五，包装的确定。货物包装完毕直接出口，所以所有包装需满足出口货物需求。

三、制订生产计划

外贸跟单员小诚按照生产通知单的要求，根据工厂的生产能力，制订了相应的生产计划。生产通知单中计划生产时间为28天，周生产计划表如表4-3所示：5 170件女士短袖T恤分成四个星期完成，前三个星期每周完成1 300件，最后一个星期完成1 270件。预定的出货日期为2020年7月14日。

表4-3 周生产计划表

NO.	批号	产品名称	数量	金额	制造单位	生产日期 开工	生产日期 完工	预定出货日期	备注
1	500756	女士短袖T恤	1 300件		宁波大榭针织厂	2020.06.15	2020.06.21	2020.07.14	
2	500756	女士短袖T恤	1 300件		宁波大榭针织厂	2020.06.22	2020.06.28		
3	500756	女士短袖T恤	1 300件		宁波大榭针织厂	2020.06.29	2020.07.05		
4	500756	女士短袖T恤	1 270件		宁波大榭针织厂	2020.07.06	2020.07.12		

任务二　跟踪生产进度

澳大利亚的客户要求宁波诚通公司的交货时间为2020年7月20日前，为了保证在合同规定时间按时出货，小诚应该紧盯宁波大榭针织厂的生产进度。

生产通知单中的女士短袖T恤的生产日期是2020.06.15—2020.07.12，要求完工日期为2020年7月12日，交货日期为2020年7月14日，如表4-4所示。

表4-4 生产环节关键日期

生产日期	2020.06.15—2020.07.12
完工日期	2020.07.12
工厂交货期限	2020.07.14
诚通公司最迟交货日期	2020.07.20

在业务经理的指示下，小诚计划至少每周两次确认生产进度，同时计划在生产初期（计划6月19日左右）、生产中期（计划6月29日左右）以及生产后期（计划7月9日左右）去工厂看实际进度。

跟踪生产进度主要从清点成品数量（合格品数）以及查看生产车间的生产日报表入手。清点成品数量可以静态确定生产进度；查看生产日报表则是动态检查生产情况，可以预测今后工作日中是否存在问题。因此，在生产进度跟单工作中，查看生产日报表是跟踪企业实际生产进度的有效手段。

一、大货生产初期进度跟踪

宁波大榭针织厂是从2020年6月15日（星期一）开始生产宁波诚通公司订单产品的，每周工作5天，每天2个班次，每个班次工作8小时。下面是小诚6月19日得到的该厂生产日报表，其中废品已扣除，如表4-5所示。

表4-5 生产日报表（一）

生产部门：1车间　　合同号：500756　　填表人：吴一　　日期：2020年6月15日

颜色	裁剪		缝制		后道		包装	
	当天	累计	当天	累计	当天	累计	当天	累计
DN345 黑色	S115	S115	S115	S115	0	0	0	0
DN345 黑色	M160	M160	M140	M140	0	0	0	0
小计	275	275	255	255	0	0	0	0

这个生产日报表也分解写成如表4-6~表4-10所示。

表4-6 生产日报表（二）

生产部门：1车间　　合同号：500756　　填表人：吴一　　日期：2020年6月15日

颜色	裁剪		缝制		后道		包装	
	当天	累计	当天	累计	当天	累计	当天	累计
DN345 黑色(S/M/L/XL)	275	275	255	255	0	0	0	0
小计	275	275	255	255	0	0	0	0

表4-7 生产日报表（三）

生产部门：1车间　　合同号：500756　　填表人：吴一　　日期：2020年6月16日

颜色	裁剪		缝制		后道		包装	
	当天	累计	当天	累计	当天	累计	当天	累计
DN345 黑色(S/M/L/XL)	264	539	264	519	345	345	345	345
小计	264	539	264	519	345	345	345	345

表4-8 生产日报表（四）

生产部门：1车间　　合同号：500756　　填表人：吴一　　日期：2020年6月17日

颜色	裁剪		缝制		后道		包装	
	当天	累计	当天	累计	当天	累计	当天	累计
DN345 黑色(S/M/L/XL)	265	804	285	804	344	689	344	689
小计	265	804	285	804	344	689	344	689

表4-9 生产日报表（五）

生产部门：1车间　　合同号：500756　　填表人：吴一　　日期：2020年6月18日

颜色	裁剪		缝制		后道		包装	
	当天	累计	当天	累计	当天	累计	当天	累计
DN345 黑色(S/M/L/XL)	230	1 034	230	1 034	345	1 034	345	1 034
小计	230	1 034	230	1 034	345	1 034	345	1 034

表4-10 生产日报表（六）

生产部门：1车间　　合同号：500756　　填表人：吴一　　日期：2020年6月19日

颜色	裁剪		缝制		后道		包装	
	当天	累计	当天	累计	当天	累计	当天	累计
DN346 深紫色(S/M/L/XL)	260	260	260	260	260	260	260	260
DN345 黑色(S/M/L/XL)	0	1 034	0	1 034	0	1 034	0	1 034
小计	260	1 294	260	1 294	260	1 294	260	1 294

6月19日小诚去宁波大榭针织厂，看到女士T恤生产车间井然有序，也和工厂确认了车间的产能接下来都可以按照6月19日的速度生产，小诚对生产开始至今的生产速度感到满意，按此速度整个订单的生产可以按时完成，同时产品的合格率也符合预期。

二、大货生产中期进度跟踪

6月29日小诚再次去宁波大榭针织厂查看女士T恤订单生产情况，发现工厂28日接到通知，由于电力紧张，进行限电使用，宁波大榭针织厂每天的生产时间只能达到12小时，致使宁波大榭针织厂每天生产能力调整如表4-11、表4-12所示。

表 4-11　生产日报表（七）

生产部门：1 车间　　合同号：500756　　填表人：吴一　　日期：2020 年 6 月 27 日

颜色	裁剪		缝制		后道		包装	
	当天	累计	当天	累计	当天	累计	当天	累计
DN347 姜黄色（S/M/L/XL）	260	266	260	266	260	266	260	266
DN346 深紫色（S/M/L/XL）	0	1 034	0	1 034	0	1 034	0	1 034
DN345 黑色（S/M/L/XL）	0	1 034	0	1 034	0	1 034	0	1 034
小计	260	2 334	260	2 334	260	2 334	260	2 334

表 4-12　生产日报表（八）

生产部门：1 车间　　合同号：500756　　填表人：吴一　　日期：2020 年 6 月 28 日

颜色	裁剪		缝制		后道		包装	
	当天	累计	当天	累计	当天	累计	当天	累计
DN347 姜黄色（S/M/L/XL）	200	466	200	466	200	466	200	466
DN346 深紫色（S/M/L/XL）	0	1 034	0	1 034	0	1 034	0	1 034
DN345 黑色（S/M/L/XL）	0	1 034	0	1 034	0	1 034	0	1 034
小计	200	2 534	200	2 534	200	2 534	200	2 534

小诚对调整过的生产速度，进行了以下分析：

1. 服装生产包括裁剪、缝制、后道和包装四个生产环节，其中缝制是决定生产速度的关键环节，因此只要没有发生人员变动的情况下，缝制能完成数量，就可以基本保证完成全部产量，因此缝制环节非常重要。

2. 由于电力紧张，6 月 28 日—7 月 12 日，每天工作时间从原来的 16 个小时降到 12 小时，导致日产量从 260 件降到 200 件。如果按照这样的生产进度（每天 200 件），则剩余要生产的产品数量 5 170 - 2 534 = 2 636 件，需要的工作日为：2 636 ÷ 200 = 13.18 ≈ 14 个工作日。若仍然按照一周工作 5 天计算，则要到 7 月 16 日完成，这将不能如期完成。假设所生产的产品全部合格，也会在一定程度上影响诚通公司的制单出运安排。作为采购方，宁波诚通公司必须先做打算，给自己留更多的余地。

综合以上分析，小诚一方面及时向业务经理汇报了情况，同时与宁波大榭针织厂的有关管理人员进行了协调。紧急磋商后，宁波大榭针织厂同意调整生产计划：调整一周的工作天数，从 6 月 29 日开始，每周工作 6 天，这样产品就可以在规定的交货期内完成生产，在 7 月 14 日交货。

三、大货生产后期进度跟踪

7 月 9 日，小诚第三次来到宁波大榭针织厂，发现工厂生产井然有序，一切按照计划进行（表4-13），看了进度，明确工厂能在7月14日按时完成。

表4-13 生产日报表（九）

生产部门：1车间　　合同号：500756　　填表人：吴一　　日期：2020年7月9日

颜色	裁剪		缝制		后道		包装	
	当天	累计	当天	累计	当天	累计	当天	累计
DN349 深蓝色（S/M/L/XL）	200	398	200	398	200	398	200	398
DN348 米色（S/M/L/XL）	0	1 034	0	1 034	0	1 034	0	1 034
DN347 姜黄色（S/M/L/XL）	0	1 034	0	1 034	0	1 034	0	1 034
DN346 深紫色（S/M/L/XL）	0	1 034	0	1 034	0	1 034	0	1 034
DN345 黑色（S/M/L/XL）	0	1 034	0	1 034	0	1 034	0	1 034
小计	200	4 534	200	4 534	200	4 534	200	4 534

任务三　生产过程的质量监控

外贸跟单员小诚在确保产品数量的同时，也要确保产品的质量。在整个大货生产期内，小诚时常深入宁波大榭针织厂生产车间查看生产过程及T恤的质量是否符合订单要求，以及生产流程中有无脱节、停滞等不良现象，做好女士T恤整个生产过程的质量监控。

一、女士T恤各道生产工序的质量监控

小诚重视女士T恤各道生产工序的质量监控，不仅要对整个生产过程进行全面监控，而且要对生产关键环节进行重点监控。

（一）生产过程的质量控制

对生产过程的质量控制是产品质量形成的核心和关键的控制阶段。在这一阶段，小诚的基本做法是：确保宁波大榭针织厂严格按照女士T恤的样板和生产工艺单执行技术标准，使T恤达到订单的质量要求；同时要求工厂实施T恤生产各工序裁剪、缝制、后道与包装的质量监督，确保工序质量水平。加强对各个工序和工道的质量控制，就能够保证T恤在各个生产阶段中的局部质量，最终使T恤的整体质量达到最佳水平。此外，小诚还应检查并确保服装生产的各道工序：裁剪、缝制、后道及包装都已经落实了工人自检、互检以及QC专检的质量控制制度。

（二）生产关键环节的重点监控

对生产关键环节进行重点监控就要重点把握生产女士T恤的关键环节——缝制。

在整个大货生产过程中，小诚非常重视缝制环节的检查。比如女士 T 恤各部位顺直、平服、整齐、牢固、松紧适宜情况，要确保没有开线、断线、连续跳针；包缝牢固、平整、宽窄适宜程度，要确保各部位套结定位准确、牢固。此外，小诚还对吊牌、洗水唛、尺码唛严格检查，重点检查其位置、内容等是否正确，是否整齐牢固。

二、女士 T 恤的成品检查

小诚在大货生产初期、生产中期、生产后期三次下工厂的过程中都加强了女士 T 恤的成品检查。

6 月 19 日（大货生产初期），小诚到生产车间对每道工序高标准地进行半成品的检验。在一般情况下每个车间生产的首件成衣，外贸跟单员都要对其尺寸、做工、款式、工艺进行全面细致地检验，针对客户和工艺的要求及时修正不符点（如有的话），并对工艺难点进行攻关，以便大批量流水作业顺利进行。

6 月 29 日（大货生产中期），小诚从流水线的批量成衣中随机检查，检查 T 恤是符合工艺单的要求，是否与客户确认样一致。

7 月 9 日，（大货生产后期），小诚确认大货生产的进度接近订单总量的 90%，并且成箱率也在 80% 以上，同时 T 恤成品在外观以及尺寸规格、缝制、整烫、包装等方面的质量都符合要求，大货生产即将完成。

★ 知识要点

一、生产进度跟单的要求

生产进度跟单主要把握两点：第一是按时交货，第二是按质交货。

（一）按时交货

按时交货跟单要点：
1. 加强与生产管理人员的联系，明确生产、交货的权责。
2. 减少或消除临时、随意的变更，规范设计、技术变更要求。
3. 掌握生产进度，督促生产企业按进度生产。
4. 加强产品质量、不合格产品、外协产品的管理。
5. 妥善处理生产异常事务等。

（二）按质交货

二、生产通知单与生产计划表

（一）生产通知单

外贸跟单员在合同或订单签订后，需要及时将合同落实到具体企业生产，因此，下达生产通知单是一项重要工作。

1. 要落实生产通知单内各项内容。

外贸跟单员接到订单后,应将其转化为生产任务的生产通知单,在转化时应明确客户所订产品的名称、规格型号、数量、包装、出货时间等要求。同时需要与生产企业或本企业有关负责人对订单内容逐一进行分解,转化为生产企业的生产通知单内容。在确保对外交货时间不变的前提下,对通知单所涉及的料号、规格、标准、损耗率等逐一与生产部门衔接。不能出现一方或双方含糊不清或任务下达不明确的问题。

2. 要协调生产通知单遇到的问题。

有时,生产通知单在执行过程中会遇到生产车间具体生产操作上的技术、原材料供应等问题。外贸跟单员需要进一步与车间或有关部门衔接协调解决具体问题,不应有生产通知单下达后就完成任务的想法。对于生产车间不能解决的技术问题或生产出来的产品无法达到客户要求的情况,外贸跟单员应及时与有关部门衔接。在技术问题无法解决前,不能生产。

许多生产厂家为接订单,有时会出现抢单情况。即生产企业为保证企业生产开工,对于一些自认为可以生产的产品,在生产工艺、技术设备还达不到的情况下,冒险对外承诺,冒险对外接单。一旦订单下达了,企业内部具体安排生产时,就会出现生产车间技术、设备、工艺等达不到的情况,一时又无法解决外协的可能。在这种情况下,会给按时、按质、按量完成交货带来严重的影响。外贸跟单员需要反复核实,并做好多种应急事件处理准备工作,或及时调整生产通知单个别内容,或及时调整生产厂家,另行下达生产通知单。

(二) 生产计划表

落实好生产通知单后,外贸跟单员应协助生产管理人员将订单及时转化为生产计划,以便产品能顺利生产。生产计划是企业生产工作安排的依据,它的制订及实施关系到生产及交货的成败。

生产计划的制订主要依据订单要求、前期生产记录、计划调整以及产能分析而制订。月生产计划是生产安排的依据,也是采购计划制订的依据。计划的内容包括当月各批号、产品名称、生产数量、生产日期、生产单位的产量等。周生产计划是由月生产计划或紧急订单转换而制订的,是具体生产安排及物料控制的依据。周生产计划如表 4-14 所示。

表 4-14 周生产计划

NO.	批号	产品名称	数量	金额	制造单位	生产日期		预定出货日期	备注
						开工	完工		

三、生产进度跟踪的方法

生产通知单下达后,外贸跟单员就要开始跟踪大货的生产进度。跟单员在整个生产周期内一般会在生产前期、生产中期和生产后期去生产企业实际查看进度。在查看的过程中,关注的点要有所侧重。刚开始生产时,较多地关注生产日报表、生产能力;生产进入中期,更多地关注生产是否有异常情况、产品质量控制情况;生产后期时,则关注产品的质量控制、包装、仓库等。

整个生产进度的跟踪方法可以总结为四个字"看、算、查、核",即看生产日报表,算生产能力,查异常情况,核质量包装。

(一)看生产日报表

外贸跟单员通过生产管理部的生产日报表,了解成品的完成数量,对生产进度加以跟踪控制,以确保准时交货。比如服装的生产日报表一般将生产过程分成四个环节:裁剪、缝纫、后道与包装。整个服装生产的工序中要注意的要点有很多,比如裁剪时,拉布后要放上打印好的软纸板,然后用电剪刀裁剪,对裁片标号分类,最后捆扎裁片,捆扎后还要再标号;比如车缝时,要核对裁片后再进行车缝,最后要整烫、定型;比如后道时,要注意打孔,要先进行扣眼定位,然后再打扣眼,最后整烫检验,检验时要清理线头、污迹、画粉印、定位痕迹、验针等。

(二)算生产能力

这是为了确认是否能按时交货。一般企业不能按时交货的主要原因有以下几点:企业内部管理不当;计划安排不合理或漏排;产品设计与工艺变化过多;产品质量控制不好;生产设备跟不上;产能不足,等等。外贸跟单员在前期下工厂时就要排除上面这些情况的发生。

当出现不可抗力导致最终无法按时完成订单数量时,跟单员可以采取以下对策:

1. 延长工作时间,由一班制改为两班制、三班制,或延长生产人员的工作时间。
2. 增加机器设备台数,延长开机时间。
3. 增加其他车间生产支持,或将部分生产任务拨给其他车间承担。
4. 调整生产计划,将部分生产向后推。
5. 将部分产品进行外包生产。
6. 增加临时用工。

(三)查异常情况

异常情况有很多,比如产品外包、工人流失、工厂停电、机器怠工、次品太多,等等。一旦出现类似情况,外贸跟单员要及时与工厂管理人员协调,保证产品能按质按量完成。

(四)核质量包装

这是出货前的最后一道关,非常重要。思考一下,假设订单做的是纸盒,在生产中后期时,客户派人来工厂检验产品,发现纸盒颜色与一开始交的确认样存在微差,肉眼可辨，于是出具了不合格的报告。在这种情况下，外贸跟单员首先要和外商协商，解释虽然纸盒的颜色有肉眼可辨的差别，但是差别不影响纸盒的使用，在性能上面是符合相关要求的，同时由于存在微差，在价格上可以进行一定的让利，希望外商能接受这批纸盒。如果外商接受，事情就解决了。但是，如果外商对此意见极大，那么只能重新采购原料，重新开始大货生产。这个过程会影响交期，要与外商确认，并且进行协议的补充。因此，最后环节的核实非常关键。

（五）异常情况的处理

整个生产过程可能会出现各种异常情况，对于突发事件或者异常情况的处理有以下相应的协调应对措施（表4-15）。

表4-15 异常情况处理

生产异常内容	异常现象	应对措施
应排产，未排产	影响生产及交货	1. 通知相关部门尽快列入排产计划 2. 告知交货期管理约定
应生产，未生产	影响生产进度及交货	1. 通知相关部门尽快列入车间日生产计划 2. 向相关部门发出异常通知 3. 应至少于生产前3天催查落实情况
进程延迟	影响交货进度	1. 通知相关部门加紧生产 2. 查清进程延迟原因，采取对应措施 3. 进程延迟较严重，发出异常通知，要求给予高度重视 4. 应至少于每天催查生产落实情况
应入库，未入库 应完成，未完成	影响整体交货	1. 查清未入库原因，采取对应措施 2. 通知相关部门加班生产 3. 发出异常通知，要求采取措施尽快完成
次品、不合格产品增多	影响整体交货	1. 通知相关部门检查设备性能是否符合要求 2. 检查工艺单，工艺流程是否符合要求 3. 增加补生产备料及增加补生产指令
补生产	影响整体交货	1. 进行成品质量抽查或检查 2. 发出新的补生产指令

四、出口产品大货生产过程的质量控制要求

外贸跟单员应会同生产企业质量管理部门对大货生产制造过程的质量进行监控，以使其能生产合格的产品。

（一）大货生产制造过程质量控制要求

在产品生产技术准备过程中，对产品、零部件都要进行工艺分析，划定工艺路线，并绘制工艺流程图。产品质量检验活动应在此基础上，把产品检验和试验程序也以流

程图的方式简要地表达出来，使检验和试验工作达到标准化、程序化、规范化。

生产制造过程质量控制的要求体现在以下四个方面：

1. 严格贯彻执行生产质量控制计划。

根据技术要求及生产质量控制计划，建立责任制，对影响工序质量的因素（即人、机、料、法、测、环）进行有效的控制。

2. 保证工序质量处于控制状态。

运用控制手段，及时发现质量异常，并找出原因，采取纠正措施，使工序恢复到受控状态，以确保产品质量稳定，符合生产质量控制计划规定的要求。

3. 有效地控制生产节奏，及时处理质量问题，确保均衡生产。

严格按期按质按量地标准组织生产，有效控制生产节奏，维持正常的生产秩序。适时开展预防、协调活动，及时处理质量问题，均衡完成生产节奏。生产制造过程的质量职能活动主要有以下几项：明确质量责任；合理组织生产；加强岗位培训；提供设备保障；提供工装保障；提供计量保障；做好物资供应；严肃工艺纪律；执行"三自一控"（自检、自分、自纠，控制自检正确率）；控制关键工序；加强在制品管理；组织文明生产；做好技术文件与资料的管理；严格工艺更改控制；加强检查考核。

4. 生产制造过程质量控制的内容。

生产制造过程质量管理的内容通常包括：工艺准备的质量控制；生产过程的质量控制；辅助服务过程的质量控制。

（二）工艺准备的质量控制

工艺准备是根据产品设计要求和生产规模，把材料、设备、工装、能源、测量技术、操作人员、专业技术与生产设施等资源系统、合理地组织起来，明确规定生产制造方法和程序，分析影响质量的因素，采取有效措施，确保生产按规定的工艺过程正常进行，使产品的生产质量稳定地符合设计要求和控制标准的全部活动。工艺准备是生产技术准备工作的核心内容，是直接影响产品生产质量的主要体系要素。

当产品设计定型之后，工艺准备工作的质量对确保生产质量，提高工作效率，降低生产成本，增加经济效益将起到决定性的作用。尤其是在市场竞争机制下，新产品从开发设计到正式投产的周期越来越短，因此，在确保工艺准备质量的前提下缩短工艺准备的周期，具有十分重要与现实的意义。

1. 制订生产过程的质量控制计划。

为对产品的生产质量实施有效的控制，在产品批准投入批量生产之前，必须由工艺部门对生产制造过程的质量控制进行统筹安排，制订质量控制计划，以确保产品生产在受控的状态下进行。生产过程质量控制计划涉及工艺准备的各项职能活动，计划的内容视实际需要选择、确定。

2. 工序能力的验证。

工序能力是体现工序质量保证能力的重要参数，是指工序能够稳定地生产出合格产品的能力，也即工序处于受控状态下的实际加工能力。在生产过程中，工序是产品质量形成的基本环节，因此，在工艺准备中应对工序具备生产符合产品质量要求的能力进行验证。

3. 采购的质量控制。

企业采购的物资和货品，诸如材料、零件、部件等都是产品的组成部分并直接影响产品的质量。因此，应对全部采购活动进行控制。

4. 辅助材料、公用设备和环境条件的控制。

对质量特性起重要作用的辅助材料和设施，如生产用的水、压缩空气、能源、化学用品等也应加以控制并定期进行验证，以确保对生产过程影响的统一性。公用设施的质量控制是企业文明生产的重要组成部分。同样，对产品质量十分重要的环境条件，如温度、湿度和清洁度，也应规定一定的限度并加以控制和验证。

5. 工艺文件的质量控制。

工艺文件是产品生产过程中用以指导公认操作的技术文件，是企业安排生产计划、实施生产调度、劳动组织、材料供应、设备管理、质量检查、工序控制等的重要依据。通常工艺文件除工艺规程外，还有检验规程、工装图样、工时定额表、原材料消耗定额表等。此外根据质量要求，为了进行重点控制，应有工序质量控制点明细表、工序质量分析表、作业指导书、检验计划、检验指导书等。当采用数控设备或计算机控制和测试时，应编制和维护计算机软件，并使之成为受控工艺文件的组成部分。

工艺文件的形式有工艺过程卡、工艺卡、操作规程、工艺守则、检验卡、工艺路线等。采用何种形式的工艺文件，应视企业的产品类型、生产规模、生产方式特点而定。

对于确定的工艺文件必须贯彻执行，并保持相对的稳定性，若需修改，必须按规定的程序进行审批，以确保受控工艺文件的质量。

（三）生产过程的质量控制

生产过程的质量控制是指材料进厂到形成最终产品的整个过程对产品质量的控制，是产品质量形成的核心和关键的控制阶段，其质量职能是根据产品设计和工艺文件的规定以及生产质量控制计划的要求，对各种影响生产质量的因素实施控制，以确保生产制造除符合设计意图和规范质量并满足用户或消费者要求的产品。生产过程质量控制的基本任务是：严格贯彻设计意图和执行技术标准，使产品达到质量标准；实施生产过程中各个环节的质量保证，以确保工序质量水平；建立能够稳定地生产符合质量要求产品的生产制造系统。

★ 课堂实训

一、根据项目一背景资料中的衬衫订单，宁波诚通公司外贸跟单员小诚 2020 年 4 月 8 日协助合作工厂宁波 FYD 服饰有限公司下达了生产通知单，请制作完成生产通知单。

P/O DATE: 10 MAR, 2020

COMMODITY NAME	STYLE NO	QUANTITY	UNIT PRICE	AMOUNT
MEN'S GREY L/S SHIRT WITH LEFT CHEST HAVING EMB LOGO	DN32	10,000PCS	USD35.00/PC	FOB NINGBO
	DN15	10,000PCS	USD350,000.00	USD35.00/PC
TOTAL		20,000PCS		USD700,000.00

TOTAL QTY: 20,000PCS

PACKING: EACH TO BE PACKED IN A POLYBAG, 4PCS WITH ASSORTED SIZES IN A SMALL BOX AND THEN 5 BOXES TO AN EXPORT CARTON, PLEASE LAY PAPER OF SILK AT THE BACK OF THE SHIRT.

LATEST DATE OF SHIPMENT: WITHIN 60 DAYS AFTER THE SELLER RECEIVES THE 30% PAYMENT BY T/T.

STYLE NO. & SIZE	S	M	L	XL
DN32	2,500PCS	2,500PCS	2,500PCS	2,500PCS
DN15	2,500PCS	2,500PCS	2,500PCS	2,500PCS

生产通知单

加工部门						
订单编号		订货客户		通知日期		
产品名称		交货方式		生产日期		
规格型号		交货期限		完工日期		
生产数量		特别规定事项				
工艺要求						
质检要求						
包装要求						
使用材料						
序号	料号	品名	规格	单位	单机用量	标准用量	损耗率	备注
生产方法								
附件								

二、根据项目一课堂实训资料中的女士夹克订单，宁波诚通公司跟单员小诚 2021 年 5 月 6 日协助合作工厂生产企业下达了生产通知单，请制作完成生产通知单。

三、根据下面的内容回答问题。

……

— INSPECTION

— YOU MUST SEND US YOUR "THE PROGRESS OF WORK BOOK"（进度作业书）BY E-MAIL SO THAT WE CAN MAKE THE INSPECTION IN YOUR FACTORY 7 DAYS BEFORE SHIPMENT.

……

1. 填写"进度作业书"。

根据客户的要求，外贸跟单员设计制作了一份"进度作业书"，并通过电子邮件发给客户。假设该产品的生产时间为一个月（自所有合格辅料到达工厂仓库之日起算）。请你结合该订单的出运时间和客户检验时间要求，帮助外贸跟单员逐项填写所需的项目内容。

YD 电器制造有限公司
进度作业书

采购商：F 国 LUCERNA　　　　客商定单号：LU09005
编　号：094562　　　　　　　　日　　期：4 月 16 日

	品　名	数量（个）	时间		
			入库	客检	船期
辅料部分	塑料袋	*******	*******	*******	*******
	内　盒	*******	*******	*******	*******
	外　箱	*******	*******	*******	*******
	价格牌	*******	*******	*******	*******
	——	*******	*******	*******	*******
成品部分	MT201Y	1 800	A	E	6月8日
	MT202Y	1 800	B	F	6月8日
	MT203Y	1 800	C	G	6月8日
	MT204Y	1 800	D	H	6月8日

A _____　　　　E _____
B _____　　　　F _____
C _____　　　　G _____
D _____　　　　H _____

2. 在现有生产条件下，如果公司不能在合同规定的时间内完成生产任务，可以采取哪些措施予以补救？请具体列明。

四、模拟练习生产计划表的制作。

同步训练

一、多项选择题

1. 生产制造过程质量管理的内容通常包括（　　）。

A. 工艺准备的质量控制　　　　B. 生产过程的质量控制

C. 辅助服务过程的质量控制　　D. A 和 B

2. 有效地控制生产节奏，要求执行"三自一控"。"三自一控"是指（　　）。

A. 自检　　　　　　　　　　　B. 自分

C. 自纠　　　　　　　　　　　D. 控制自检正确率

3. 工艺准备的质量控制通常包括哪些内容？（　　）

A. 制订生产过程的质量控制计划、工艺文件的质量控制

B. 采购的质量控制

C. 工序能力的验证

D. 辅助材料、公用设施和环境条件的控制

4. 一般企业不能按时交货的主要原因有（　　）。

A. 计划安排不合理或漏排　　　B. 产品质量控制不好

C. 生产设备跟不上　　　　　　D. 产能不足

5. 服装的生产过程可以分成（　　）环节。

A. 裁剪　　　　　　　　　　　B. 缝纫

C. 后道　　　　　　　　　　　D. 包装

二、简答题

1. 请阐述生产进度的跟踪方法。

2. 请阐述服装生产工序中要注意的要点。

3. 在生产进度跟单过程中，如果发现工厂在产品数量上无法按时完成时，外贸跟单元可以采取哪些对策？

4. 对于生产企业的次品、不合格产品增多这样的生产异常情况，外贸跟单员应该采取哪些应对措施？

5. 对不合格品的处置通常有哪些方式？

项目五　监控大货质量

⭐ **培养目标**

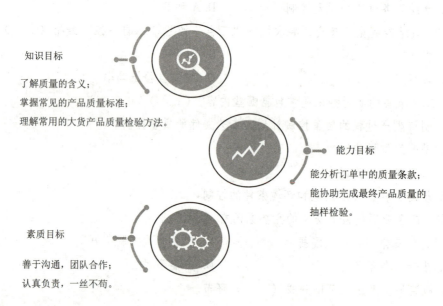

知识目标
了解质量的含义；
掌握常见的产品质量标准；
理解常用的大货产品质量检验方法。

能力目标
能分析订单中的质量条款；
能协助完成最终产品质量的抽样检验。

素质目标
善于沟通，团队合作；
认真负责，一丝不苟。

⭐ **项目导入**

背景一：2020年3月，宁波诚通公司业务二部跟进的加拿大START公司的铸件订单中关于质量的要求如下所示：

……

QUALITY:

A. START CASTING REQUIREMENTS (APPENDIX C): ALL QUALITY PROCESSES OUTLINED IN THE CASTINGS REQUIREMENTS (APPENDIX C) WILL BE FOLLOWED AND DOCUMENTED BY CHENGTONG.

B. VENDOR QUALITY MANUAL/PROCESS: VENDOR MUST SUBMIT THEIR QUALITY MANUAL AND THEIR INSPECTION PLAN PROCESS TO START FOR REVIEW PRIOR TO COMMENCING MASS PRODUCTION.

C. HEAT TREATMENT PROCESS: CHENGTONG SHALL SUBMIT TO START THE HEAT TREATMENT PROCESS FOR APPROVAL PRIOR TO COMMENCING MASS PRODUCTION.

D. WELD REPAIR PROCESS: CHENGTONG SHALL SUBMIT TO START THEIR INTERNAL WELD REPAIR PROCEDURE FOR APPROVAL PRIOR TO COMMENCING MASS PRODUCTION.

STANDARDS:

A. ASTM A370-08A STANDARD TEST METHODS AND DEFINITIONS FOR MECHANICAL TESTING OF STEEL PRODUCTS.

B. ASTM A958 STANDARD SPECIFICATION FOR STEEL CASTINGS, CARBON AND ALLOY, WITH TENSILE REQUIREMENTS, CHEMICAL REQUIREMENTS SIMILAR TO STANDARD WROUGHT GRADES.

C. A 781/A 781M STANDARD SPECIFICATION FOR CASTINGS, STEEL AND ALLOY, COMMON REQUIREMENTS, FOR GENERAL INDUSTRIAL USE.

D. MSS SP-55-2011 QUALITY STANDARD FOR STEEL CASTINGS FOR VALVES, FLANGES AND FITTINGS AND OTHER PIPING COMPONENTS VISUAL METHOD FOR EVALUATION OF SURFACE IRREGULARITIES.

E. A 488/A 488M STANDARD PRACTICE FOR STEEL CASTINGS, WELDING, QUALIFICATIONS OF PROCEDURES AND PERSONNEL.

F. ASTM A609 / A609M-2012 STANDARD PRACTICE FOR CASTINGS, CARBON, LOW-ALLOY, AND MARTENSITIC STAINLESS STEEL, ULTRASONIC EXAMINATION THEREOF.

G. ASTM E709 STANDARD GUIDE FOR MAGNETIC PARTICLE TESTING.

H. ASTM A903 / A903M-99(2012) STANDARD SPECIFICATION FOR STEEL CASTINGS, SURFACE ACCEPTANCE STANDARDS, MAGNETIC PARTICLE AND LIQUID PENETRANT INSPECTION.

I. ASTM E94-04 (2010) STANDARD GUIDE FOR RADIOGRAPHIC EXAMINATION.

J. ASTM E446-10 STANDARD REFERENCE RADIOGRAPHS FOR STEEL CASTINGS UP TO 2 IN. (50.8MM) IN THICKNESS.

K. OTHER STANDARDS REFERENCED WITHIN THE SPECIFIED STANDARDS.

……

背景二：2020年5月，宁波诚通公司接到澳大利亚客户的女士短袖订单，2020年7月14日宁波大榭针织厂已完成大货生产，准备进行大货出货前的抽样检验。

任务一　审查订单之产品质量要求

不同的订单中会出现不同的质量条款。一般产品都会有常规的质量条款。比如服装就会明确按样品成交、颜色如何等，而铸件会告知具体的型号等。但是除了这些常规的质量条款外，还会出现别的要求。

一、女士夹克订单中的质量要求

2020年12月，宁波诚通公司与德国 AAA COMPANY INC. 的女士夹克订单中，除了常规的质量条款外，还提到 THE IMPORT AND SALE OF PRODUCTS WITH AZO-COLOURS AND NICKEL ACCESSORIES INTO GERMANY IS STRICTLY FORBIDDEN，要求进入德国的产品严禁使用偶氮颜料和含镍的配件。

二、铸件订单中的质量要求

女士夹克订单中的质量条款相对比较简单，而宁波诚通公司与加拿大 START 公司的铸件订单里，除了常规的质量条款外，其他的质量要求也比较多。

> QUALITY:
> A. START CASTING REQUIREMENTS（APPENDIX C）: ALL QUALITY PROCESSES OUTLINED IN THE CASTINGS REQUIREMENTS（APPENDIX C）WILL BE FOLLOWED AND DOCUMENTED BY CHENGTONG.
> B. VENDOR QUALITY MANUAL/PROCESS: VENDOR MUST SUBMIT THEIR QUALITY MANUAL AND THEIR INSPECTION PLAN PROCESS TO START FOR REVIEW PRIOR TO COMMENCING MASS PRODUCTION.
> C. HEAT TREATMENT PROCESS: CHENGTONG SHALL SUBMIT TO START THE HEAT TREATMENT PROCESS FOR APPROVAL PRIOR TO COMMENCING MASS PRODUCTION.
> D. WELD REPAIR PROCESS: CHENGTONG SHALL SUBMIT TO START THEIR INTERNAL WELD REPAIR PROCEDURE FOR APPROVAL PRIOR TO COMMENCING MASS PRODUCTION.

质量条款中有 A、B、C、D 四个条款，START 公司从四个方面提出宁波诚通公司铸件质量的要求：

第一，START 公司提供了一份铸件要求（在附录 C 中）：诚通公司需要遵循该铸件要求（附录 C）中描述的所有质量过程，并形成文件。

第二，供应商质量手册/过程：在大规模生产前，START 公司要先评审供应商提交的质量手册和检验计划过程。

第三，热处理工艺：诚通公司在开始批量生产前提交热处理工艺给 START 公司确认。

第四，焊补工艺：诚通公司在开始批量生产前提交内部焊补流程给 START 公司确认。

除了这样的要求外，铸件订单还给出铸件的相关标准。

STANDARDS:

A. ASTM A370-08A STANDARD TEST METHODS AND DEFINITIONS FOR MECHANICAL TESTING OF STEEL PRODUCTS.

B. ASTM A958 STANDARD SPECIFICATION FOR STEEL CASTINGS, CARBON AND ALLOY, WITH TENSILE REQUIREMENTS, CHEMICAL REQUIREMENTS SIMILAR TO STANDARD WROUGHT GRADES.

C. A 781/A 781M STANDARD SPECIFICATION FOR CASTINGS, STEEL AND ALLOY, COMMON REQUIREMENTS, FOR GENERAL INDUSTRIAL USE.

D. MSS SP-55-2011 QUALITY STANDARD FOR STEEL CASTINGS FOR VALVES, FLANGES AND FITTINGS AND OTHER PIPING COMPONENTS VISUAL METHOD FOR EVALUATION OF SURFACE IRREGULARITIES.

E. A 488/A 488M STANDARD PRACTICE FOR STEEL CASTINGS, WELDING, QUALIFICATIONS OF PROCEDURES AND PERSONNEL.

F. ASTM A609 / A609M-2012 STANDARD PRACTICE FOR CASTINGS, CARBON, LOW-ALLOY, AND MARTENSITIC STAINLESS STEEL, ULTRASONIC EXAMINATION THEREOF.

G. ASTM E709 STANDARD GUIDE FOR MAGNETIC PARTICLE TESTING.

H. ASTM A903 / A903M-99(2012) STANDARD SPECIFICATION FOR STEEL CASTINGS, SURFACE ACCEPTANCE STANDARDS, MAGNETIC PARTICLE AND LIQUID PENETRANT INSPECTION.

I. ASTM E94 -04 (2010) STANDARD GUIDE FOR RADIOGRAPHIC EXAMINATION.

J. ASTM E446 -10 STANDARD REFERENCE RADIOGRAPHS FOR STEEL CASTINGS UP TO 2 IN. (50.8MM) IN THICKNESS.

K. OTHER STANDARDS REFERENCED WITHIN THE SPECIFIED STANDARDS.

其中，ASTM A370-08A 是钢铁产品机械试验的标准试验方法及定义；ASTM A958 是拉伸要求及化学要求，类似于标准铸造等级的碳钢和合金钢铸件的技术规范；A 781/A 781M 是一般工业用途通用要求的钢和合金铸件标准规格；MSS SP-55-2011 是阀门、法兰、管件及其他管路附件的铸钢件质量标准——表面缺陷评定的目视检验法；A 488/A 488M 是钢铸件焊接程序和人员资格的标准实施规程；ASTM A609/A609M-2012 是碳素低合金马氏体不锈钢铸件超声波检验规程；ASTM E709 是磁粉检验的标准指南；ASTM A903/A903M-1999（2012）是钢铸件、磁粉和液体渗透检验的表面验收标准规范；ASTM E94-04（2010）是射线照相检验用标准导则；ASTM E446-10 是 2 英寸（50.8 毫米）厚度以下钢铸件标准参考射线底片以及其他相关的标准；等等。

这份铸件订单中出现上面多个相关质量方面的标准，涉及钢铁产品机械试验、拉伸要求及化学要求、一般工业用途通用要求、表面缺陷评定、钢铸件焊接程序和人员资格、超声波检验、磁粉检验、液体渗透检验、射线照相检验等多个方面。

作为外贸跟单员，不管跟的是什么产品的单子，必须对涉及该产品的相关标准有一定了解。

三、ASTM

ASTM 是美国材料与试验协会，其英文全称为 American Society for Testing and Materials，它的前身是国际材料试验协会（IATM）。19 世纪 80 年代，为解决采购商与供货商在购销工业材料过程中产生的意见和分歧，有人提出建立技术委员会制度，由技术委员会组织各方面的代表参加技术座谈会，讨论解决有关材料规范、试验程序等方面的争议问题。首次会议于 1882 年在欧洲召开，会上组成了工作委员会。当时，主要是研究解决钢铁和其他材料的试验方法问题。1902 年在第五届年会上，宣告美国分会正式独立。1961 年该组织又将其名称改为美国材料与试验协会。

美国材料与试验协会（ASTM）是当前世界上最大的标准发展机构之一，是一个独立的非营利性机构。ASTM 的会员已近 34 000 个，其中约 4 000 个来自美国以外的上百个国家或地区。它的工作内容不仅仅是研究和制定材料规范和试验方法标准，还包括各种材料、产品、系统、服务项目的特点和性能标准，以及试验方法、程序等标准，目前，ASTM 已制定 10 000 多项标准。

ASTM 标准的编号形式包括：标准代号+字母分类代码+标准序号+制定年份+标准英文名称，顺序也是如此。

其中，字母分类代码包含 ABCDEFG，其含义如下：

A——黑色金属；

B——有色金属（铜、铝、粉末冶金材料、导线等）；

C——水泥、陶瓷、混凝土与砖石材料；

D——其他各种材料（石油产品、燃料、低强塑料等）；
E——杂类（金属化学分析、耐火试验、无损试验、统计方法等）；
F——特殊用途材料（电子材料、防震材料、外科用材料等）；
G——材料的腐蚀、变质与降级。

标准序号后面带字母 M 的为米制单位标准，不带字母 M 的为英制单位标准；制定年份后面括号内的年代为标准重新审定的年代，A、B、C……表示修订版次。

比如铸件订单中的标准 ASTM E94－04（2010）STANDARD GUIDE FOR RADIOGRAPHIC EXAMINATION，其中的 E 为杂类，标准序号 94，2004 年制定，2010 年重新审定，标准英文名称为 STANDARD GUIDE FOR RADIOGRAPHIC EXAMINATION（射线照相检验用标准导则）。

任务二 跟踪大货产品的质量检验

2020 年 7 月 14 日，宁波大榭针织厂按期完成了整批 5 170 件女士短袖 T 恤的生产，并已全部包装完毕。在前期工作过程中，小诚对服装的生产、质量进行跟踪。目前到了出货前，根据要求，小诚负责跟进大货出货前的抽样检验。

一、确定抽样检验方案

客户指定第三方检验机构采用 GB2828 标准进行一次抽样检验。在抽样检验过程中，按照 GB2828 标准，同时结合订单数量，采用"正常检验一次抽样方案"，选择检验水平为"一般检验水平"中的（Ⅱ），要求的 MAJOR（重大缺陷）和 MINOR（次要缺陷）的 AQL 分别为 1.0 和 4.0。

表 5－1 样本量字码中，显示了检验水平。检验水平对应着检验量，表中给出了 3 个一般检验水平Ⅰ、Ⅱ和Ⅲ。除非另有规定，一般产品应使用水平Ⅱ。当要求鉴别力较低时可使用水平Ⅰ，当要求鉴别力较高时可使用水平Ⅲ。表 5－1 还给出了另外 4 个特殊检验水平 S－1，S－2，S－3 和 S－4，它们可用于必须使用相对小的样本量而且能容许较大抽样风险的情形。

表 5－1 样本量字码表

批量	特殊检验水平				一般检验水平		
	S－1	S－2	S－3	S－4	Ⅰ	Ⅱ	Ⅲ
2~8	A	A	A	A	A	A	B
9~15	A	A	A	A	A	B	C

续表

批量	特殊检验水平				一般检验水平		
	S-1	S-2	S-3	S-4	Ⅰ	Ⅱ	Ⅲ
16~25	A	A	B	B	B	C	D
26~50	A	B	B	C	C	D	E
51~90	B	B	C	C	C	E	F
91~150	B	B	C	D	D	F	G
151~280	B	C	D	E	E	G	H
281~500	B	C	D	E	F	H	J
501~1 200	C	C	E	F	G	J	K
1 201~3 200	C	D	E	G	H	K	L
3 201~10 000	C	D	F	G	J	L	M
10 001~35 000	C	D	F	H	K	M	N
35 001~150 000	D	E	G	J	L	N	P
150 001~500 000	D	E	G	J	M	P	Q
500 001 以上	D	E	H	K	N	Q	R

在每一检验水平下，应按照转移规则进行正常、加严和放宽检验。检验水平的选择与正常、加严和放宽检验的严格度是两个完全不同的概念。因此，当在正常、加严和放宽检验间进行转移时，已规定的检验水平应保持不变。

二、确定抽样数量与 Ac、Re 值

表 5-1 的左边是批量，指受检验批中总的单位产品的数量。这批服装总数是 5 170 件，那么批量就属于 3 201~10 000 范畴，然后按照"一般检验水平"中的（Ⅱ）和批量 3 201~10 000 范畴的纵横线交叉点，确定这批货的样本量字码 L。

表 5-2 正常检验一次抽样方案中，左侧有样本量字码和样本量，从 L 对应的样本量找出抽样数量 200 件，也就意味着这批 5 170 件服装要抽样 200 件。接着往这张表的右上方找到重大缺陷和次要缺陷的 AQL 1.0 和 4.0 与样本量字码纵横交叉点的 Ac 与 Re 值，其中 AQL1.0 对应的 Ac 与 Re 分别是 5，6，AQL4.0 对应的 Ac 与 Re 分别是 14，15。

项目五 监控大货质量

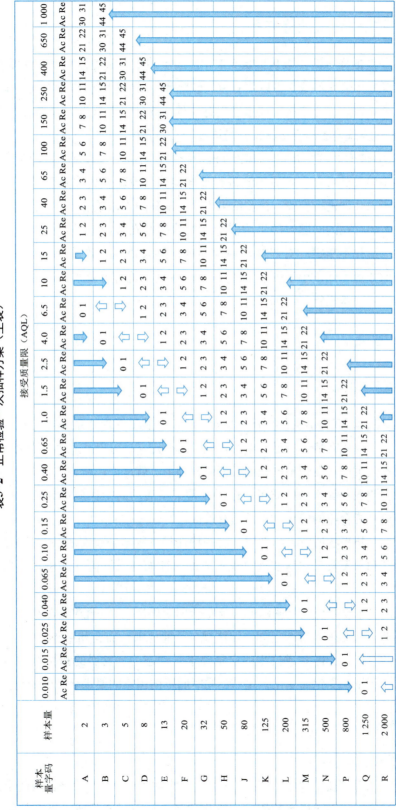

表5-2 正常检验一次抽样方案（主表）

三、正常检验一次抽样方案

正常检验一次抽样方案要求从批量 5 170 件的服装中,随机抽取 200 件样本检验。如果发现这 200 件中有 5 件或 5 件以下有重大缺陷和 14 件或 14 件以下有次要缺陷的不合格品,判定这批服装为合格批。如果发现有 6 件或 6 件以上有重大缺陷或者有 15 件或 15 件以上有次要缺陷的不合格品,判为该批产品不合格,予以拒收。

2020 年 7 月 14 日,客户指定的第三方机构派了 2 名检验人员到工厂验货,外贸跟单员小诚协助检验人员对女士短袖 T 恤进行抽样检验。检验人员按照要求对包装好的产品随机抽样了 200 件进行检验,检验结果为重大缺陷的 T 恤数为 0 件,次要缺陷的 T 恤数为 5 件,主要存在的问题包括 T 恤修剪后的线头粘在衣服上,衣服上有部分划粉痕迹没有清除、纽扣不牢等。对照抽样检验标准,重大缺陷的数量 0 件,小于等于 5 件,次要缺陷的数量 5 件,小于等于 14 件,因此本次检验符合要求,通过,检验人员出具了合格的大货检验报告。

知识要点

一、质量的定义

国际标准化组织 2005 年颁布的 ISO 9000:2005《质量管理体系基础和术语》中对质量的定义是:一组固有特性满足要求的程度。这个定义,可以从几个方面来理解:

第一,质量是可以存在于不同领域或任何事物中。就是说,所谓"质量",既可以是零部件、软件或服务等产品的质量,也可以是某项活动的工作质量或某个过程的工作质量,还可以是指企业的信誉、体系的有效性。

第二,特性是指事物所特有的性质,固有特性是事物本来就有的,它是通过产品、过程或体系设计和开发及其之后实现过程形成的属性如物质特性(如机械、电气、化学或生物特性)等。

第三,满足要求就是应满足明示的(比如合同明确规定)、通常隐含的(比如国际惯例、行业习惯)或必须履行的(如法律法规、行业规则)需要和期望。

第四,外商对产品、体系或过程的质量要求是动态的、发展的和相对的。它将随着时间、地点、环境的变化而变化,比如不同时间不同国家的要求会发生变化。

二、质量检验

(一)质量检验的概念

质量检验也称为"技术检验",是指采用一定检验测试手段和检查方法测定产品的质量特性,并把测定结果同规定的质量标准作比较,从而对产品或一批产品作出合格或不合格判断的质量管理方法。它的目的在于，保证不合格的原材料不投产，保证不合格的零件不转下一道工序，并保证不合格的产品不出厂。

在整个大货的生产过程中，客户一般会出现三个时间段的质量检验，分别是初期验货 Pre-Production Inspection（PPI）、中期验货 During Production Inspection（DPI）、以及末期验货 Pre-Shipment Inspection（PSI）/Final Random Inspection（FRI）。

其中，初期验货一般发生大货生产的前期，为了确认工厂的生产物料、配件及生产方式等是否与外商的确认样相符。中期验货发生在大货生产的中期，客户或者第三方或者厂方会随意从半成品或已包装好的部分成品中抽取样本检查以及做有关的测试等。末期验货一般出现在大货产品基本生产完，且产品全部包装完毕或包装好八成以上的时候。这时会按照相关标准来抽取样品，检查产品的包装、数量、外观、功能及有关的测试等是否符合外商以及确认样要求。

（二）质量检验方法的分类

质量检验的方法按不同情况可以有不同的分类。在一般情况下，按照检验的数量划分可以分为全数检验与抽样检验。全数检验就是要对全部产品逐件进行试验测定；抽样检验则是从一批产品中随机抽取少量产品（样本）进行检验。目前少数国家的采购方倾向于使用全检的方法，如日本。但是大多数国家采购方采用的都是更为经济实用的抽样检验的方法。

按质量特性值划分为计数检验与计量检验；按检验后检验对象的完整性划分为破坏性检验与非破坏性检验；按检验技术方法划分为理化检验、感官检验与生物检验；按供需关系分第一方检验、第二方检验与第三方检验；等等。

（三）质量检验的目的

1. 判定产品或零部件的质量合格与否。通过对产品或零部件的抽样检查或全数检验，判定产品或零部件的质量是否合格。

2. 证实产品或零部件的符合性。通过检验和试验，证实产品或零部件是否达到规定的质量要求。

3. 产品质量评定。通过质量检验和试验确定产品缺陷严重程度，为质量评定和质量改进提供依据。

4. 考核过程质量，获取质量信息。通过对加工过程质量的检验，了解操作者贯彻执行工艺规程情况，检查工艺纪律，考核过程质量是否处于稳定状态；对检验数据进行统计、分析、计算，为质量改进和广泛的质量管理活动提供有用的数据。

5. 仲裁质量纠纷。在供需双方因产品质量问题产生的纠纷，或生产者对有关方面的质量检验提出疑义时，可进行检验检疫，以判定质量责任，做出公正的裁决结论。

（四）质量检验的工作职能

1. 鉴别职能。

根据技术标准、产品图样、工艺规程、订货合同以及相关法律、法规的规定，通过观察和判断,适当结合测量、试验和产品或零部件的质量特性,根据检验结果判定产品或零部件的合格与不合格,从而起到鉴别的作用。

2. 把关职能。

在产品形成全过程的各生产环节,通过认真的质量检验,剔除不合格品,使不合格品的原材料不投产,不合格的过程所加工的零件不转入下道工序,不合格的产品不出厂,把住产品质量关,实现把关职能。

3. 预防职能。

通过质量检验,可获得生产全过程的大量数据和质量信息,为质量管理与质量控制提供依据,把影响产品质量的异常因素加以控制与管理,实现"既严格把关又积极预防"。

4. 报告职能。

把在生产全过程质量检验中获得的质量信息、数据和情报,认真做好记录,及时进行整理、分析和评价,通过各种方式向各有关部门沟通和向领导报告生产过程即企业的产品质量状态,为质量的持续改进提供信息,为相关管理部门及领导质量决策提供依据。

出口产品检验四项职能相互关联,是一个完整系统。

(1) 检验工作的首要职能就是把关。

要把好原材料外构件、外协件配套产品入厂检验质量关;把好生产全过程质量关;把好成品出厂质量关;把好工厂交货验收关。因此,可以说把关是检验工作的核心,是四项职能中最重要的一项职能。

(2) 鉴别职能是把关职能的前提。

通过鉴别才能判断产品质量是否合格,否则难以实现质量把关的功能。

(3) 报告职能是把关职能的继续和延伸。

通过报告职能,把在检验中发现的产品质量存在的问题或质量状况,及时向有关部门沟通和向领导报告,为领导决策提供重要依据。

在生产全过程进行检验具有预防作用。如开展首件必检、巡回流动检验等科学的检验和质量控制,既可以及时发现质量问题,又可以预防潜在不合格或成批质量事故的发生,有利于把好质量关。

三、计数型抽样检验

随着我国成为世界工厂,多数出口企业都会对出口批次的产品执行抽样检验。而部分国外采购方也会派内部检验员或者委托第三方对货物进行抽样检验。但是各方对出口产品的抽样检验方法并没有完全执行我国现有的抽样检验标准或者国际标准。计数型抽样检验目前常用的有百分比抽样检验法、固定样本量检验法和 AQL 判定法等,其中 AQL 判定法是大部分外贸公司、第三方公证机构和国外采购方代表所采用的方法。

AQL 判定法是 GB/T 2828.1 – 2012(也等同 MIL – STD – 105E/ISO 2859 第一部分

的中文版）的特殊应用。这里介绍的 AQL 判定法是指 GB/T 2828.1-2012 放弃了转移规则和极限质量保护程序的判定。

GB/T 2828.1-2012 与 MIL-STD-105E/ISO 2859 之间的渊源很深，演变如下所示：

1950 年，美国国防部发布美国军用标准 MIL-STD-105A。

1963 年，美国国防部第四版修订为 MIL-STD-105D。

1973 年，日本发布其 10 年的成果 JIS-Z-9015。

1974 年，ISO 对 MIL-STD-105D 修改后发布为 ISO 2859。

1981 年，中国发布标准，GB/T 2828-1981。

1987 年，中国参考 ISO 2859、MIL-STD-105D 以及 JIS-Z-9015 而制定标准 GB/T 2828-1987。

1989 年，美国军方修订 MIL-STD-105D，修订为 MIL-STD-105E。

1995 年，美国军方取消使用 MIL-STD-105E，改用美国国标 ANSI/ASQCZ1.4-1993。

1999 年，ISO 发布 ISO 2859-1：1999。

2008 年，美国修订发布 ANSI/ASQCZ1.4-2008。

2012 年，中国发布 GB/T 2828.1-2012。

从这些顺序可见所有的标准最早始于 MIL-STD-105A，后面都是在此基础上进行一定的更改，很多内容都是相同的，包括我国最新的 GB/T 2828.1-2012，它的很多内容都与 MIL-STD-105E 相同。外商会要求用 MIL-STD-105E 标准抽样，也可能外商认同中国的 GB/T 2828.1-2012 标准抽样。但不管是哪种情况，他们关于抽样的要求很多都是相同的。

四、AQL 判定法

本文以 GB/T 2828.1-2012 为依据，分析计数抽样检验程序的第一部分——按可接受质量界限（AQL）检索的逐批检验抽样计划。

AQL 接受质量限（Acceptable Quality Limit）是指当一个连续系列批被提交验收抽样时，可容忍的最差过程平均质量水平。这个抽样计划可以用于最终产品、零部件和原材料等检验，可以适用连续系列批（连续系列批的系列长度要足以使用转移规则，后面会做相应介绍），也可以用在孤立批的检验。

其中包含：

N—批量，指受检验批中总的单位产品的数量，通常用字母 N 表示。

n—样本量，指的是抽取自一个批并且具有有关该批的质量信息的单个或者一组产品的数量，通常用字母 n 表示。

Ac—表示的是可接收数。

Re—表示的是拒收数。

(一) 品质水平

对于不同的质量水平或要求，AQL 有 26 种规定数值：0.010~1 000。常用的 AQL 数值有 1.0、1.5、2.5、4.0、6.5，其中又以 2.5 和 4.0 应用最为广泛。不同数值体现了不同的质量水平。通常数值越小代表品质要求越高。

(二) 抽样水平

在 AQL 中，有三种普通抽样水平 I、II、III，四种特殊抽样水平 S-1、S-2、S-3、S-4。在三种普通抽样水平中 II 是常规水平，也是经常采用的水平。从 I 到 III 抽样的数量逐渐增加。如果以 II 作为中间值，I 的抽样数为 II 的 40%，它适用于品质较为稳定或产品出现不一致可能性极小的状况。III 的抽样数是 II 的 160%，由于检验的样本数量大，从而使接受不合格产品的可能性降到最低，对客户来说是一种比较安全抽样水平。

四种特殊的抽样水平的特点是抽样数量少。因为在某些情况下，例如检验的成本高、检验所花费的时间长、货物的品质比较稳定（单一产品的重复加工），通过少许的抽样检验就足以反应总体的品质水平。从 S-1 到 S-4 抽样检验数逐步增加，应该采用哪种水平，与很多的因素有关，如产品的制造方法以及质量特性、测试成本、测试时间的分析，供应商以往的质量状况，用户的要求分析，供应商的信用分析。

在制定检验方案时要综合考虑以上因素。在服装的辅料检验中有时采用以上的特殊抽样水平，例如拉链、纽扣等的检验。

(三) 检验水平

在 AQL 中制定了三种检验标准，即：正常（Normal）、加严（Tightened）、放宽（Reduced），并且随着可能发生的品质波动，指定了三种检验水平的转换，如图 5-1 所示。

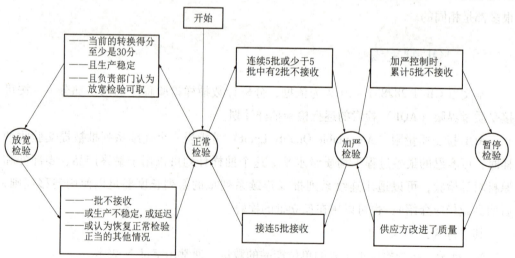

图 5-1 AQL 检验标准的转换

其中，正常检验是最常用的检验水平，当刚开始检验新的供应商生产的货物时，应采用正常检验；一旦采用了正常、加严和放宽中的任何一种，那么在以后对同系列或同类型产品的检验中都应采取这一标准，除非供应商的产品品质发生了波动。

从正常转换到加严：当正在采用正常检验时，只要初次检验中连续 5 批或少于 5 批中有 2 批不接收，则转换到加严检验。

从加严转换到正常：当正在采用加严检验时，如果初次检验的接连 5 批接收，应恢复正常检验。

从正常转换到放宽：当正在采用正常检验时，如果下列各条件均满足，应转换到放宽检验。

1. 当前的转换得分至少是 30 分。
2. 生产稳定。
3. 负责部门同意使用放宽检验。

具体的转换得分规定，这里不做介绍。在一般情况下，就是连续 10 次检验均合格，并且生产处于稳定状态，这时可以转换使用宽松检验。

从放宽转换到正常：当正在执行放宽检验时，如果初次检验出现下列任一情况，应恢复正常检验。

1. 一个批不接收。
2. 生产不稳定；生产过程中断后恢复生产。
3. 有恢复正常检验的其他正当理由。

在一般情况下，当采用宽松检验时，只要一次检验不合格或者生产处于波动状态，应立即转换为正常检验。

暂停检验：采用加严检验时，累计 5 批次不合格，这说明供应商的品质状况恶劣，这时需要采取措施提高产品质量。

（四）一次抽样检验和二次抽样检验

抽样检验的步骤分为四步：

第一步，确定检验水平。

第二步，确定样本量字码。

第三步，使用 AQL 和样本量字码的同一组合从正常、加严和放宽检验表检索抽样方案。

第四步，确定最终的 Ac 和 Re 值（表 5-2～表 5-4）。

一次抽样检验（整数接收数）：按照事先决定的检验标准所要求的数量，从大货中随机抽样并检验后，样本中发现的不合格品数小于或等于接收数，则判定该批接收；如果样本中发现的不合格品数大于或等于拒收数，则判定该批不接收。

如果是二次抽样检验，按照事先决定的检验标准所要求的数量，从大货中随机抽样并检验后，如果第一样本中发现的不合格品数小于或等于第一接收数，则判定该批接收；如果第一样本中发现的不合格品数大于或等于第一拒收数，则判定该批不接收。

二次检验的目的是通过检验较少数量从而节约时间，然而当必须进行第二次检验时，抽样检验的总数要超过一次抽样检验的数量，所以二次抽样检验适合于质量比较稳定的、容易被接受的产品。如果是多次抽样检验，按照二次抽样方案操作。

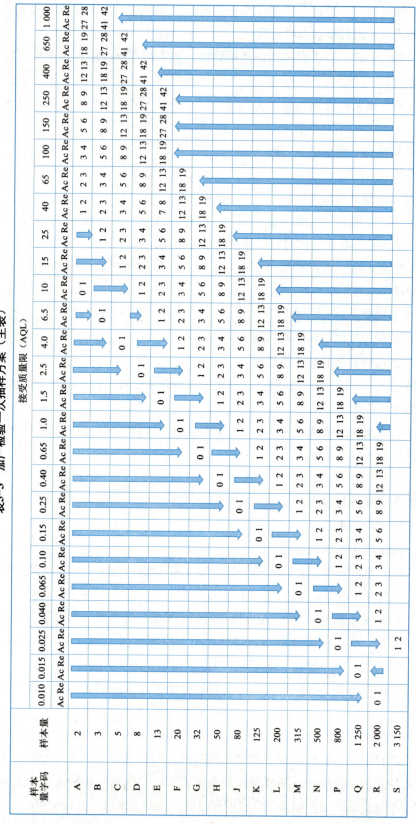

表5-3 加严检验一次抽样方案（主表）

项目五 监控大货质量

表5-4 放宽检验一次抽样方案（主表）

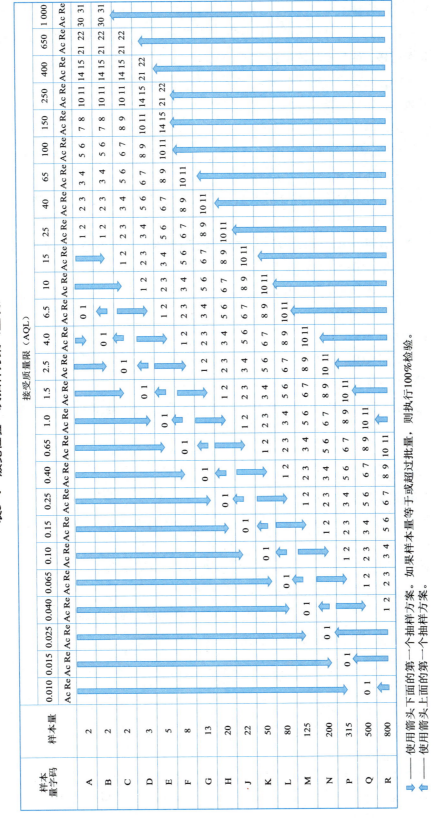

课堂实训

一、请以诚通公司外贸跟单员的身份，根据 GB2828 正常检验一次抽样方案判断该批产品是否合格，须列出具体步骤。

产品名称：全棉弹力牛仔女裙

产品数量：18 000 条

重大缺陷的 AQL：1.0

次要缺陷的 AQL：4.0

检验水平（IL）：Ⅱ

检查结果：重大缺陷的不合格产品数量为 6 条，次要缺陷的不合格产品数量为 20 条

二、请以诚通公司外贸跟单员的身份，根据 GB2828 正常检验一次抽样方案判断该批产品是否合格，须列出具体步骤。

产品名称：迷彩全棉女式中裤

产品数量：4 550 条

重要缺陷的 AQL：1.0

次要缺陷的 AQL：4.0

检验水平（IL）：Ⅱ

检查结果：重要缺陷的不合格产品数量为 5 条，次要缺陷的不合格产品数量为 14 条

同步训练

一、单项选择题

1. 一般检查水平分为Ⅰ、Ⅱ、Ⅲ三级，一般如无特殊说明，则先选取（   ）。

   A. Ⅰ级
   B. Ⅱ级
   C. Ⅲ级
   D. 视实际情况而定

2. 关于完工检验，以下说法错误的是（   ）。

   A. 完工检验必须严格按照程序和规程进行，严格禁止不合格零件装配
   B. 完工检验有时需要模拟产品的使用条件和运行方式
   C. 完工检验必须是全数检验
   D. A 和 B 正确

3. 关于进货检验，以下说法错误的是（   ）。

   A. 进货检验的深度主要取决于企业对供应商质量保证体系的信任程度
   B. 进货必须有合格证或其他合法证明，否则不予验收
   C. 进货检验应在货品入库前或投产前进行，因此必须在供应商处检验
   D. 进货检验可以在供应商处检验，也可在本企业检验

4. 以下关于工序检验的说法，错误的是（   ）。

A. 工序检验通常表现为首件检验、巡回检验、末件检验

B. 工序检验的目的是在加工过程中防止出现大批不合格品，避免不合格品流入下道工序

C. 工序检验仅指对产品的检验，即剔除不合格品

D. 工序检验除了检验产品外，还要检验环境等质量影响因素

5. 请按照标准的先后顺序排序，正确的是（   ）。

（1）美国国标 ANSI/ASQCZ1.4 – 1993

（2）美国军用标准 MIL – STD – 105E

（3）GB/T2828.1 – 2012

（4）ISO2859 – 1：1999

A. （1）—（2）—（3）—（4）

B. （1）—（2）—（4）—（3）

C. （2）—（1）—（4）—（3）

D. （1）—（4）—（2）—（3）

6. 每次仅随机抽取一个单位产品进行检验，检验后即按判定规则做出合格、不合格或再抽下个单位产品的判断，一旦能做出该批合格或不合格的判定时，就终止检验。这种检验方法称为（   ）。

A. 一次抽检方法　　　　　　　　B. 二次抽检方法

C. 多次抽检方法　　　　　　　　D. 序贯抽检方法

7. 调整型抽检方法（   ）。

A. 适用于孤立批产品的质量检验

B. 调整型按转换规则更换抽检方案，即正常、加严或放宽抽检方案的转换

C. 不考虑产品批的质量历史

D. 以上说法都不对

8. 德国安全认证标志的英文缩写是（   ）。

A. PCC　　　　　　　　　　　　B. UL

C. EPA　　　　　　　　　　　　D. GS

9. 一般而言，商品质量是指（   ）。

A. 产品的设计质量　　　　　　　B. 产品的制造质量

C. 产品的使用质量　　　　　　　D. 以上都是

10. 我国 GB2828 规定，计数多次抽样检查的抽检次数为（   ）。

A. 4　　　　　　　　　　　　　B. 5

C. 6　　　　　　　　　　　　　D. 7

11. 下图 A、B、C、D 处的填写正确的是（   ）。

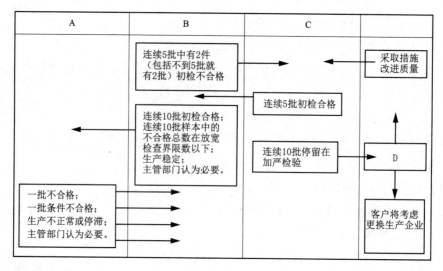

A. 正常检验　　　B. 加严检验　　　C. 放宽检验　　　D. 暂停检验

二、多项选择题

1. ASTM E94-04（2010）STANDARD GUIDE FOR RADIOGRAPHIC EXAMINATION，从这个标准中可以获知（　　）。

　A. 这个标准属于杂类

　B. 这个标准是 2010 年制定的，目前第四版了

　C. 这个标准是射线照相检验用标准导则

　D. 这个标准的标准序号为 94

2. 质量检验的方法按照检验的数量划分可以分为（　　）。

　A. 全数检验　　　B. 计数检验　　　C. 抽样检验　　　D. 计量检验

3. 质量检验的方法按照供需关系可以分为（　　）。

　A. 第一方检验　　B. 第二方检验　　C. 第三方检验　　D. 抽样检验

三、判断题

1. 正常到加严的转换规则是：当正在采用正常检验时，只要初次检验中连续 5 批或少于 5 批中有 2 批不接收，则转换到加严检验。（　　）

2. 加严到正常的转换规则是：当正在采用加严检验时，如果初次检验的接连 2 批接收，应恢复正常检验。（　　）

3. 美国材料与试验协会（ASTM）是当前世界上最大的标准发展机构之一，是一个独立的营利性机构。（　　）

四、简答题

1. 阐述质量的定义与质量检验的方法。

2. 阐述正常检验、加严检验、放宽检验之间的转移规则。

3. 出口产品或零部件检验的主要目的是什么？

4. 出口产品质量检验工作职能主要有哪些？

项目六　落实大货运输与包装

培养目标

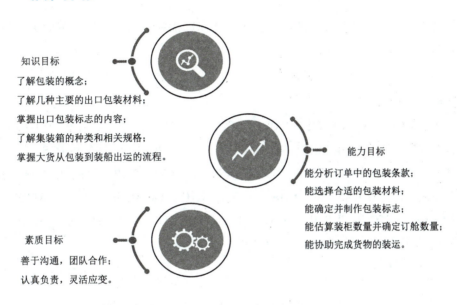

知识目标
了解包装的概念；
了解几种主要的出口包装材料；
掌握出口包装标志的内容；
了解集装箱的种类和相关规格；
掌握大货从包装到装船出运的流程。

能力目标
能分析订单中的包装条款；
能选择合适的包装材料；
能确定并制作包装标志；
能估算装柜数量并确定订舱数量；
能协助完成货物的装运。

素质目标
善于沟通，团队合作；
认真负责，灵活应变。

项目导入

背景一：2020年3月，宁波诚通公司业务一部接到的国外衬衫订单中关于包装的要求如下所示：

……

MAIN LABEL: TMR POSITION; CENTER NECK BACK.

CARE LABEL: WITH CORRECT COMPOSITION AND DETAILED WASHING INSTRUCTION AT LEFT SIDE SEAM 7CM UP FROM HEM.

HANG TAG: TMR HANG TAG WITH TMR LOGO; POSITION: THROUGH MAIN LABEL.

PRICE TICKET: DETAILED INFORMATION WILL BE ADVISED LATER BY BUYER.

STYLE NO. & SIZE	S	M	L	XL
DN32	2,500PCS	2,500PCS	2,500PCS	2,500PCS
DN15	2,500PCS	2,500PCS	2,500PCS	2,500PCS

TOTAL QTY: 20,000PCS.

PACKING: EACH TO BE PACKED IN A POLYBAG, 4PCS WITH ASSORTED SIZES IN A SMALL BOX AND THEN 5 BOXES TO AN EXPORT CARTON, PLEASE LAY PAPER OF SILK AT THE BACK OF THE SHIRT.

FOR DETAILED PACKING INSTRUCTION, PLS FOLLOW OUR SEPARATE INSTRUCTION.

……

背景二：2020年3月，宁波诚通公司业务二部接到的国外铸件订单中关于包装的要求如下所示：

……

PACKAGING:

CHENGTONG SHALL PREPARE A FINISHED PRODUCT PALLET FOR START'S 3RD PARTY INSPECTOR, PRIOR TO SHIPPING MASS PRODUCTION PARTS.

THE PACKAGING MUST BE APPROVED BY START PRIOR TO SHIPPING. CHENGTONG CAN NOT CHANGE THE PACKAGE DESIGN ONCE APPROVED UNLESS CHENGTONG SUBMITS A REQUEST TO START IN WRITING AND START APPROVES THE PACKAGE DESIGN CHANGE.

……

背景三：2021年3月，宁波诚通公司又接到了老客户的拖鞋订单，订单中提到拖鞋订单的包装条款如下所示：

PACKING:

— PUT 12 PAIRS PER STYLE INTO A POLYBAG, 4 STYLES INTO INNER POLYBAG AND INTO AN EXPORT CARTON. (FOR DETAIL SEE PICTURE 1), SHIPMENT OF JUST ONE STYLE IN ONE EXPORT CARTON IS NOT ALLOWED.

— AFFIX BARCODE ON EACH DOZEN, OUR BARCODE NO. IS 4512916 + OUR STYLE NO. PLEASE PAY ATTENTION TO PUT CORRECT BARCODE ON CORRECT PLACE.

— EXPORT CARTON MUST BE STRONG.

— WARNING TO BE PRINTED IN CAPITAL LETTERS ON INNER POLYBAG: "KEEP THIS BAG AWAY FROM BABIES AND CHILDREN, DO NOT USE IN CRIBS, BEDS, CARRIAGES, OR PLAYPENS. THE FILM MAY CLING TO NOSE AND MOUTH AND PREVENT BREATHING. THIS BAG IS NOT A TOY."

– 200G/PR OF N. W. AND 2.5 KGS OF EXPORT CARTON(INCL. POLYBAG). SIZE OF EXPORT CARTON IS 60CM×32CM×32CM.

– NO. OF EXPORT CARTON: 1 – UP.

SHIPPING MARK TO BE ADVISED.

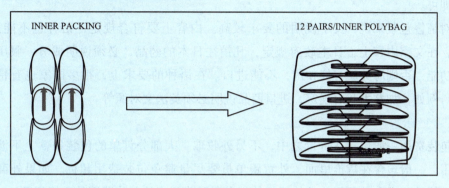

任务一　审查订单之包装条款

一、包装条款的主要内容

包装条款是订单中的主要条款之一。由于商品的品种、特性不一样，运输方法以及运输距离也不相同，包装条款的内容及繁简也会不同。在一般情况下，包装条款包含包装材料、包装方式、包装规格、包装的文字说明和包装费用的负担等内容。

（一）包装材料

包装材料是指制造货物的包装所使用的原材料。根据材料，包装可分为纸制包装、金属包装、木制包装、玻璃制品包装和陶瓷包装等。不同的商品、不同的运输条件要求不同的包装。在选择包装材料时，除了要使其能满足货物的通常要求，还应该考虑到进口国对包装材料的特殊要求。比如，美国规定，为防止植物病虫害的传播，禁止使用稻草做包装材料，如被海关发现，必须当场销毁，并支付由此产生的一切费用。外贸跟单员审核订单的包装条款时就要充分考虑到这些方面。

（二）包装方式和包装规格

包装方式既包括货物一个计件单位的包装，也包括若干单位包装组合成的一件大包装的规格。比如一件衣服装一个塑料袋，50 件衣服装一个纸箱；比如一麻袋装 50 千克；等等。

包装规格就是包装尺寸的大小，比如纸箱的长宽高、最大毛重，等等。

（三）包装的文字说明

在一般情况下，运输包装和销售包装都会有文字说明。文字说明包括运输标志及其他文字的内容和使用的语种等。在外包装上会要求使用运输标志，只要使用约定的标志即可。

对销售包装来说，文字说明的要求较高。内容上要符合规定，语种也不能用错。例如，在文字内容上，日本政府规定，凡销往日本的药品，必须说明成分、服用方法以及功能，否则海关就有权扣留，不能进口。在语种的要求上，很多国家也有特别的规定。例如，加拿大政府规定，进口商品说明必须英法文对照等。

（四）包装费用的负担

包装费用一般包括在货价之中，不另外收取。大部分订单的包装条款上不涉及包装费用，一般包含在货价里面，外贸跟单员要尽量避免包装费用超标。如果外商对包装提出特殊要求，外贸跟单员就要与外商书面明确超出的包装费用的负担问题。

二、订单中的包装条款分析

（一）衬衫订单的包装条款

MAIN LABEL: TMR POSITION; CENTER NECK BACK

CARE LABEL: WITH CORRECT COMPOSITION AND DETAILED WASHING INSTRUCTION AT LEFT SIDE SEAM 7CM UP FROM HEM.

HANG TAG: TMR HANG TAG WITH TMR LOGO; POSITION: THROUGH MAIN LABEL.

PRICE TICKET: DETAILED INFORMATION WILL BE ADVISED LATER BY BUYER.

STYLE NO. & SIZE	S	M	L	XL
DN32	2,500PCS	2,500PCS	2,500PCS	2,500PCS
DN15	2,500PCS	2,500PCS	2,500PCS	2,500PCS

TOTAL QTY: 20,000PCS.

PACKING: EACH TO BE PACKED IN A POLYBAG, 4PCS WITH ASSORTED SIZES IN A SMALL BOX AND THEN 5 BOXES TO AN EXPORT CARTON, PLEASE LAY PAPER OF SILK AT THE BACK OF THE SHIRT.

FOR DETAILED PACKING INSTRUCTION, PLS FOLLOW OUR SEPARATE INSTRUCTION.

细看衬衫订单的包装条款,其中包装材料有塑料袋(polybag)、盒子(box)以及出口纸箱(export carton)三种,还包括辅助材料衬纸(paper of silk)。该订单的包装方式是两个货号(DN32/DN15)每个尺寸(S/M/L/XL)各2 500件,每件装入一个塑料袋,4件混码(含四个尺寸)装入一个小盒,5盒装入一个出口纸箱,并且要求每件衬衫背面都要放入衬纸。订单中没有给出塑料袋、盒子、出口纸箱以及衬纸的规格,就按照正常情况下操作。包装的文字说明没有给出运输标志,因此,外贸跟单员要与外商再次确认或按照行业习惯操作。订单中给出了主标、洗标、吊牌和价格牌,其要求是主标为TMR,位置在后颈中部;洗标要显示正确成分和洗涤说明,位置在左摆缝下摆朝上7cm处;吊牌为TMR商标,位置是穿过主标;价格牌的要求另告知。这份订单上没有特别写明包装费用的负担,因此按照常规包含在货价中间。

(二)铸件订单的包装条款

> PACKAGING: CHENGTONG SHALL PREPARE A FINISHED PRODUCT PALLET FOR START'S 3RD PARTY INSPECTOR, PRIOR TO SHIPPING MASS PRODUCTION PARTS. THE PACKAGING MUST BE APPROVED BY START PRIOR TO SHIPPING. CHENGTONG CAN NOT CHANGE THE PACKAGE DESIGN ONCE APPROVED UNLESS CHENGTONG SUBMITS A REQUEST TO START IN WRITING AND START APPROVES THE PACKAGE DESIGN CHANGE.

很多订单的包装条款不会规定得特别详细,比如这份铸件订单中的包装条款。这份铸件订单包装条款里面包装材料、包装方式、包装规格、包装的文字说明和包装费用的负担等内容都没有介绍,只是明确包装必须在发货前得到外商START公司的确认。一旦确认,诚通公司就不得更改包装设计,除非诚通提出书面申请并经START再次确认更改包装设计。这种类型的订单也很常见,需要外贸跟单员及时与外商书面商定包装要求。

(三)拖鞋订单的包装条款

> PACKING:
> – PUT 12 PAIRS PER STYLE INTO A POLYBAG, 4 STYLES INTO INNER POLYBAG AND INTO AN EXPORT CARTON. (FOR DETAIL SEE PICTURE 1), SHIPMENT OF JUST ONE STYLE IN ONE EXPORT CARTON IS NOT ALLOWED.
> – AFFIX BARCODE ON EACH DOZEN, OUR BARCODE NO. IS 4512916 + OUR STYLE NO. PLEASE PAY ATTENTION TO PUT CORRECT BARCODE ON CORRECT PLACE.
> – EXPORT CARTON MUST BE STRONG.

— WARNING TO BE PRINTED IN CAPITAL LETTERS ON INNER POLYBAG: "KEEP THIS BAG AWAY FROM BABIES AND CHILDREN, DO NOT USE IN CRIBS, BEDS, CARRIAGES, OR PLAYPENS. THE FILM MAY CLING TO NOSE AND MOUTH AND PREVENT BREATHING. THIS BAG IS NOT A TOY."

— 200G/PR OF N. W. AND 2.5 KGS OF EXPORT CARTON(INCL. POLYBAG). SIZE OF EXPORT CARTON IS 60CM×32CM×32CM.

— NO. OF EXPORT CARTON: 1 – UP.
SHIPPING MARK TO BE ADVISED.

细看拖鞋订单的包装条款，该订单的包装材料有塑料袋、出口纸箱以及辅助材料条形码。拖鞋订单的包装方式以图片形式给出，要求同一型号的12双拖鞋装一个塑料袋，4个型号各12双拖鞋装入塑料袋后再装入出口纸箱。订单中明确告知一个出口纸箱不允许只装一个型号。包装规格方面，订单要求出口纸箱的尺寸为60cm×32cm×32cm，同时毛重为12.1kg，从中可得出出口纸箱的尺寸和重量要求的大致范围；内袋和塑料袋没有给出具体要求，那就按照惯常做法。包装的文字说明中运输标志除了纸箱号为1–UP，其他要后期通知，外贸跟单员要及时跟进。

但是订单对内装的塑料袋是有要求的。第一，这个塑料袋的右下角要粘贴条形码，具体条形码的要求是4512916+型号。第二，这个塑料袋上要求必须用大写英文写上一段警告语句，告知这个袋子的危险。内容为："KEEP THIS BAG AWAY FROM BABIES AND CHILDREN, DO NOT USE IN CRIBS, BEDS, CARRIAGES, OR PLAYPENS. THE FILM MAY CLING TO NOSE AND MOUTH AND PREVENT BREATHING. THIS BAG IS NOT A TOY."这份订单上同样没有特别写明包装费用的负担，因此按照常规已经包含在货价中间。

任务二　选择合适的包装材料

一、确认衬衫订单的包装要求

2020年4月，外商来函与外贸跟单员小诚再次确认衬衫订单的包装要求，要求衬衫订单的出口纸箱采用双瓦楞纸箱，并使用60cm×40cm×20cm包装尺寸，外箱毛重不得超过15kg，耐破强度为1 100 kPa，边压强度为7 800 N/m，戳穿强度为90 kg/cm。小诚根据外商的要求确定这批货物的包装材料。

外商要求采用的瓦楞纸箱是包装纸箱中最常见的一种，它根据瓦楞纸板种类、内装物重量和纸箱综合尺寸（即纸箱内尺寸的长宽高之和）分为三类：第一类为出口运输包装；第二类是内销商品运输包装；第三类用于短途或低廉商品运输包装。瓦楞纸箱分类如表6-1所示。

表6-1　瓦楞纸箱分类

种类	内装物最大重量/kg	最大综合尺寸/mm	瓦楞结构	代号 1类		2类		3类	
				纸板	纸箱	纸板	纸箱	纸板	纸箱
单瓦楞纸箱	5	700	单瓦楞	S-1.1	BS-1.1	BS-2.1	BS-2.1	BS-3.1	BS-3.1
	10	1 000		S-1.2	BS-1.2	BS-2.2	BS-2.2	BS-3.2	BS-3.2
	20	1 400		S-1.3	BS-1.3	BS-2.3	BS-2.3	BS-3.3	BS-3.3
	30	1 750		S-1.4	BS-1.4	BS-2.4	BS-2.4	BS-3.4	BS-3.4
	40	2 000		S-1.5	BS-1.5	BS-2.5	BS-2.5	BS-3.5	BS-3.5
双瓦楞纸箱	15	1 000	双瓦楞	D-1.1	BD-1.1	BD-2.1	BD-2.1	BD-3.1	BD-3.1
	20	1 400		D-1.2	BD-1.2	BD-2.2	BD-2.2	BD-3.2	BD-3.2
	30	1 750		D-1.3	BD-1.3	BD-2.3	BD-2.3	BD-3.3	BD-3.3
	40	2 000		D-1.4	BD-1.4	BD-2.4	BD-2.4	BD-3.4	BD-3.4
	55	2 500		D-1.5	BD-1.5	BD-2.5	BD-2.5	BD-3.5	BD-3.5

外商要求里提到的耐破强度、边压强度与戳穿强度，是纸箱对瓦楞纸板的技术要求。纸箱分类的技术等级主要从瓦楞纸板的品质和纸箱的内在质量角度来区分的，各类纸箱对瓦楞纸板的技术要求如表6-2所示。

表6-2　瓦楞纸板的技术要求

纸箱种类		纸板代号	耐破强度/kPa	边压强度/(N·m^{-1})	戳穿强度/(kg·m^{-1})	含水量%
单瓦楞	1类	S-1.1	588	4 900	35	10±2
		S-1.2	784	5 800	50	
		S-1.3	1 177	6 860	65	
		S-1.4	1 569	7 840	85	
		S-1.5	1 961	8 820	100	
	2类	S-2.1	409	4 410	30	
		S-2.2	686	5 390	45	
		S-2.3	980	6 370	60	
		S-2.4	1 373	7 350	70	
		S-2.5	1 764	8 330	80	
	3类	S-3.1	392	3 920	30	
		S-3.2	588	4 900	45	
		S-3.3	784	5 880	60	
		S-3.4	1 177	6 860	70	
		S-3.5	1 569	7 840	80	

续表

纸箱种类		纸板代号	耐破强度 /kPa	边压强度 / (N·m^{-1})	戳穿强度 / (kg·m^{-1})	含水量 %
双瓦楞	1类	D-1.1	786	6 860	75	10±2
		D-1.2	1 177	7 840	90	
		D-1.3	1 569	8 820	105	
		D-1.4	1 961	9 800	128	
		D-1.5	2 550	10 780	140	
	2类	D-2.1	686	6 370	90	
		D-2.2	980	7 350	85	
		D-2.3	1 373	8 330	100	
		D-2.4	1 756	9 310	110	
		D-2.5	2 158	10 290	130	
	3类	D-3.1	588	5 880	70	
		D-3.2	784	6 860	85	
		D-3.3	1 170	7 840	100	
		D-3.4	1 570	8 820	110	
		D-3.5	1 960	9 800	130	

从表 6-2 中可见，不同类型不同的纸板对应的技术要求都不相同，比如 1 类单瓦楞 S-1.1 纸板的耐破强度最大为 588 kPa，边压强度最大为 4 900 N/m，戳穿强度最大为 35 kg/cm。

二、选择合适的包装材料

外贸跟单员小诚根据外商对外包装双瓦楞纸箱的要求，参考我国瓦楞纸箱的分类以及瓦楞纸箱的技术要求，按照如下步骤选出合适的纸板。

第一步，纸箱综合尺寸为 600 mm + 400 mm + 200 mm = 1 200 mm，毛重不得超过 15 kg，故选择最大综合尺寸为 1 400 mm；

第二步，选择纸板类型。因是出口纸箱选 1 类，并且要求采用双瓦楞，因此，可以选择的纸板和对应的纸箱分别为 D1.2~BD1.2；

第三步，根据耐破强度为 1 100 kPa，边压强度为 7 800 N/m，戳穿强度为 90 kg/cm，表格中的纸板 D-1.2 达到瓦楞纸箱的技术要求，因此选择瓦楞纸箱的种类为双瓦楞纸板 D-1.2，对应的纸箱是 BD1.2。

任务三　确定包装标志并检查包装

一、订单中的包装标志

衬衫订单和铸件订单中都没有给出具体的包装标志要求。因此，外贸跟单员要在大货包装前与外商确定包装标志。外贸跟单员小诚与客户联系后，经协商确定主唛、侧唛由诚通公司设计，侧唛要求包含商品名称、货号、毛重和产地。

当然，有些订单中会有明确的包装标志要求，如下：

> THE SIDE AND MAIN MARKS HAVE TO BE PRINTED ON EACH EXPORT CARTON CONTAINING THE GOODS THAT YOU ARE GOING TO SHIP.
> – MAIN MARKS PRINTED IN BLACK INK TO BE FIXED ON TWO SIDES, INCLUDING START, DESTINATION, P. O. NO. , MODEL NO. , QUANTITY OF CARTON, CARTON NO. .
> – SIDE MARKS PRINTED IN BLACK INK TO BE FIXED ON TWO SIDES, INCLUDING G. W. , N. W, CARTON SIZE AND ORIGINAL OF GOODS.

这份订单中的包装标志包含主唛和侧唛，主唛和侧唛都必须印刷在所有的出口纸箱上面。其中主唛要求用黑色墨水印刷两面，内容包括收货人公司，目的港、订单号、型号、纸箱数量、纸箱号；侧唛要求用黑色墨水印刷两面，内容包括毛重、净重、纸箱尺码和货物产地。在实际工作中，外贸跟单员要按照订单的要求在合理的时间内落实好相关的主唛和侧唛。

二、检查包装

订单的包装材料、包装方式以及包装标志都落实好后，就等待大货包装。在工厂开始包装时，外贸跟单员一定要确认工厂是否按照要求落实了包装。

（一）衬衫订单的内包装检查

1. 要查验衬衫的包装形式是否准确：衬衫的包装方式订单中有标准折法，混码 4 件装一小盒。

2. 要检查衣服上的主标、洗标、吊牌和价格牌是否符合要求，比如吊牌是否穿过主标，价格牌的要求是否满足，等等。

3. 要检查衬衫背面是否垫衬纸。

4. 要核对纸箱内是否使用了防潮纸（拷贝纸）。垫防潮纸（拷贝纸）的目的一方面是防止衣服受潮，更重要的是防止搭色或出现挤压痕（特别是合成面料的服装产品容易出现搭色或挤压痕）。一般金属或比较硬的服装辅料，如拉链头、纽扣等也需要用防潮纸包扎起来，因为衣服可能在车、船等交通工具上滞留的时间较长，难免出现遇高温、受潮的情况。虽然在订单中，外商没有对使用防潮纸（拷贝纸）提出明确要求，但按照行业习惯以及出于对客户利益的考虑，在核查包装时，要求装箱工人在箱内垫防潮纸（拷贝纸）。

5. 要核查包装材料及规格是否准确。因为订单规定每件衬衫必须装在一个透明塑料袋里面，因此，外贸跟单员小诚检查了衬衫装入胶袋后是否平整，封口是否松紧适宜，保证没有开胶、破损的现象。

（二）外包装（瓦楞纸箱）检查

作为外贸跟单员，小诚必须考虑选用的纸箱包装能否顺利完成报检报关工作。因为对出口纸箱包装的商品，海关检验检疫部门在抽样、品质检验、重量鉴定、验舱监装、下厂监督检查中，会对纸箱进行检查。因此，在检查瓦楞纸箱时，小诚重点检查落实以下工作：

1. 瓦楞纸箱应保持内外清洁、牢固、干燥，适应长途运输。
2. 纸箱封口时衬垫防割破材料，起到保护商品的作用。
3. 箱底、箱盖封口严密、牢固。封箱纸贴正，两侧通常下垂10cm。
4. 装箱适度，不可出现"胖顶"（超装）或"空箱"（未装满）现象。
5. 包装带要正且松紧适宜，不准脱落，卡扣牢固。
6. 箱体标签字体要清晰、端正，不得有任何污染。

这里要注意一个要点，有时外商会要求外包装做跌落试验。跌落试验，是指产品包装后在模拟不同的棱、角、面于不同的高度跌落于地面时的情况，从而了解产品受损情况及评估产品包装组件在跌落时所能承受的坠落高度及耐冲击强度。

这个试验要求将包装件按规定高度跌落于坚硬、平整的水平面上，评定包装件承受垂直冲击的能力和包装对内装物保护能力的试验。针对跌落试验国家有专门的标准，跌落方式都是一角、三边、六面之自由落体，跌落的顺序是一点—三边（棱）—六面共10次跌落进行，跌落的高度根据产品重量而定。

7. 纸箱的包装标志。由于主唛由诚通公司设计，侧唛包含商品名称，货号，毛重和产地，因此小诚仔细检查了纸箱上唛头的刷制。

出口纸箱的正面刷上唛头，即正唛（运输标志）：

SHIPPING MARKS：

TMR TEXTILES LLC.

TX9086

BOSTON

C. NO.：1 – UP

出口纸箱的侧面刷上唛头，即侧唛：

COMMODITY：MEN'S SHIRTS

STYLE NO.：DN32/DN15

G. W.：8KG

MADE IN CHINA

任务四　确定订舱数量

一、各种集装箱的尺寸和装载重量

在衬衫订单的大货生产进入后期时，外贸跟单员小诚开始估算装柜数量，确定最终的订舱数量。首先明确各种集装箱的尺寸和装载重量，如表6-3所示。

表6-3　各种集装箱尺寸及装载重量

尺寸及重量		干货集装箱							散货集装箱			冷藏集装箱			
		20英尺			40英尺					20英尺			20英尺			40英尺
		钢质	钢质高柜	铝质	钢质	钢质高柜	玻璃钢质	铝质	铝质高柜	钢质	钢质高柜	玻璃钢质	铝质	铝质高柜	玻璃钢质	铝质
外尺寸	长/mm	6 058	6 058	6 058	12 192	12 192	12 192	12 192	12 192	6 058	6 058	6 058	6 058	6 058	6 058	12 192
	宽/mm	2 438	2 438	2 438	2 438	2 438	2 438	2 438	2 438	2 438	2 438	2 438	2 438	2 438	2 438	2 438
	高/mm	2 438	2 591	2 591	2 591	2 896	2 591	2 591	2 896	2 438	2 591	2 438	2 438	2 591	2 591	2 591
内尺寸	长/mm	5 917	5 902	5 925	12 050	12 034	11 977	12 045	12 060	5 887	5 824	5 892	5 477	5 360	5 085	11 398
	宽/mm	2 336	2 338	2 344	2 343	2 345	2 273	2 350	2 343	2 330	2 335	2 333	2 251	2 242	2 236	2 256
	高/mm	2 249	2 376	2 391	2 386	2 677	2 300	2 377	2 690	2 159	2 375	2 202	2 099	2 148	2 220	2 113
内容积/m³		31	32.84	33.1	67.4	75.9	61.3	67.4	76	29.6	32.3	30.3	25.9	25.51	25.1	52.04
总重/kg		24 000	22 396	21 372	30 480	30 480	30 480	30 373	30 480	20 320	24 386	20 320	20 320	21 241	24 384	30 848
自重/kg		1 860	2 275	1 794	3 100	4 080	4 763	2 981	3 000	2 530	2 351	2 450	2 520	3 004	3 372	4 519
载重/kg		22 140	20 121	19 578	27 380	26 400	25 717	27 392	27 480	17 790	22 035	17 870	17 800	18 237	21 012	26 329

注：(1) 干货集装箱又称杂货集装箱，是用以装载除液体货和需要调节温度的货物外，以一般杂货为主的集装箱。(2) 散货集装箱是用于装载麦芽、化学品、谷物等散货的一种密闭式集装箱。(3) 冷藏集装箱是专为运输要求保持一定温度的冷冻货或低温货，如鱼、肉、新鲜水果、蔬菜等食品进行特殊设计的集装箱。

通过表 6-3 查到干货集装箱中 40 英尺①货柜钢质、钢质高柜、玻璃钢质、铝质、铝质高柜这五种类型的外尺寸、内尺寸、总重、自重、载重等信息，这些信息是计算装柜数量的基础条件。

二、装柜数量计算的步骤

装柜数量的计算分五个步骤：

第一步，先要确定内含货物包装的总体积与总毛重。外贸跟单员可以向工厂获取，有经验的外贸跟单员也可以自行计算。

第二步，确定货物包装是否能叠压、横置。如果可以叠压，确定可以叠压几层，如果不能横置，那就只能纵向堆叠。

第三步，确定货物外包装体积大小。比如纸箱，如果体积较小，则空间利用率比较高；纸箱体积大，品种单一的，相对空间利用率就低。如果纸箱长宽高里有明显尺寸较小的，这时确认纸箱是否有此端向上要求，如果没有，则装柜时上面的空间就可以卧放，增加空间利用率；如果是多种纸箱尺寸混装，就比较复杂。所以，要根据货物包装的品类、大小来确定最终的装柜数量。

第四步，计算出具体的装柜数量后，要保留 5%～10% 的空间。预留空间主要由箱子的尺寸决定，因为包装箱无论怎么摆放都会留有空间，比如小半层、小半行或者小半列的空隙。同时要注意包装完的货物还会存在涨箱的情况，比如 40 尺集装箱长 12.03m，计算出理论装 24 排，但由于在长度方向上会涨箱，因此只能按照 23 排计算。所以跟单员一定要与有经验的工厂师傅再次确定预留空间。

第五步，在体积上确定装柜数量后，再确定重量上面是否符合自载重量，绝对不能超重。

三、衬衫订单的装柜数量计算

外贸跟单员小诚与客户确认出口运输采用 40 英尺钢质集装箱，按照上述的五个步骤开始计算衬衫订单的装柜数量。

第一步，小诚从工厂获知包装后的纸箱每箱毛重为 8 kg，每箱净重为 7.4 kg，共 1 000 箱，同时从订单信息中获知，包装用瓦楞纸箱的尺寸为 600 mm × 400 mm × 200 mm。

第二步，小诚经过确认，这个衬衫纸箱可以叠加放，也可以横放。

第三步，通过查询集装箱种类表，得出 40 英尺钢质集装箱内尺寸为长 12 050 mm × 宽 2 343 mm × 高 2 386 mm，内容积 67.4 m³，最大载重 27 380 kg。

---

① 1 英尺 = 30.48 厘米

第四步，计算得出集装箱的装载方法（表6-4）。

表6-4 按体积计算的装箱

	方法一			方法二			方法三		
钢制集装箱内尺寸/mm	长 12 050	宽 23 43	高 23 86	长 12 050	宽 2 343	高 2 386	长 12 050	宽 2 343	高 2 386
纸箱在集装箱内的对应位置/mm	长 600	宽 400	高 200	宽 400	长 600	高 200	高 200	长 600	宽 400
集装箱长宽高可装纸箱数/箱	长 20.1	宽 5.9	高 11.9	长 30.1	宽 3.9	高 11.9	长 60.3	宽 3.9	高 5.9
去纸箱误差，集装箱长宽高可装纸箱数/箱	长 20	宽 5	高 11	长 30	宽 3	高 11	长 60	宽 3	高 5
避免涨箱后的可装数量	长 19	宽 5	高 11	长 29	宽 3	高 11	长 59	宽 3	高 5
集装箱可装纸箱总数/箱	1 045			957			885		
总体积/m³	50.16			45.936			42.48		

（一）按体积来计算装箱量

从表6-4中可见有3种纸箱放置法。方法一的放置法是用纸箱的长宽高对应集装箱的长宽高。方法二是用纸箱的宽长高对应集装箱的长宽高。方法三用纸箱的高长宽对应集装箱的长宽高。根据不同的放置法，小诚计算每个面可以放置的纸箱数量。比如方法一中长的方向，理论上可以放置20个，宽的方向理论上可以放置5个，高的方向理论上可以放置11个，但是考虑到涨箱因素，在长的方向完全放也只能放20.1个，因此在长的方向上要减去1，按照长的方向实际装19个计算。以此类推，计算出除去涨箱因素后的可装数量，方法一可装1 045箱，方法二可装957箱，方法三可装885箱。通过人工简单地按体积计算，显然"方法一"是最佳的一般性计算装箱量方案。

（二）按重量计算

根据查询可以得到40英尺钢质集装箱最大载重27 380 kg，而纸箱毛重8 kg，由此可以计算出纸箱数量 = 27 380 ÷ 8 = 3 422.5箱 ≈ 3 422箱。

通过体积计算，可装纸箱数最多为1 045箱。通过重量计算，可装纸箱数最多为3 422箱。根据箱数计算取整取小原则，所以一个40英尺干货集装箱最多可以装1 045箱。结论：由于这批货有1 000箱，因此需要装的40英尺钢质集装箱数量为1个。

外贸跟单员小诚在估算箱量后电话联系相关货代公司，通知该公司最终决定采用600 mm × 400 mm × 200 mm的瓦楞纸箱包装，每箱毛重为8 kg，每箱净重为7.4 kg，共1 000箱，需要1个40英尺钢质集装箱。

任务五　落实大货运输

一、整箱货的出货过程

衬衫订单的货物为一个 40 英尺的集装箱，属于整箱货的出货。整箱货的出货过程，分为五个步骤。

（一）做装箱单

出货的第一步一般需要做装箱单。在一般情况下，外贸跟单员要提供外箱尺寸和毛净重等数据做装箱单。

（二）向货代公司订舱

订舱过程中，不同的货代公司会有不同的做法，其中会涉及一些词语，如图 6-1 所示，Booking Form，Booking Note，Booking Sheet，S/O。其中，Booking Form，Booking Note，Booking Sheet 是货代公司提供的，S/O 是船公司提供的，它是提柜、装船的凭证。外贸跟单员向货代公司订舱，货代公司根据具体情况向船公司安排舱位，此时货代公司一般会提供 Booking Form（等同于 Booking Note 或 Booking Sheet），要求填写，填写后货代再向船公司确认订舱，如果船公司确认有舱就会放 S/O（Shipping Order）给货代，这是正常的模式。但是有的货代会直接将船公司的 S/O 交给出口商填写，此时货代向船公司订舱时，使用的是船公司印发的 Shipping Order（S/O）。若船公司确认订舱，则会回传 S/O，在 S/O 上写上 S/O NO.（有了此 NO. 即意味着得到其确认）。这两种模式都会存在实际的工作中，跟单员要注意一下。

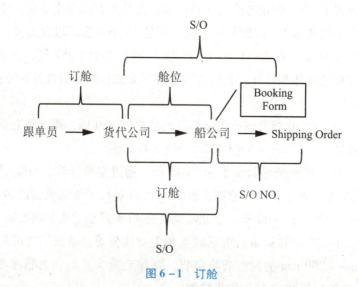

图 6-1　订舱

(三) 安排拖车

外贸跟单员拿到 S/O 后,要与工厂和拖车公司协调确认具体的装箱时间、地点、联系人等,并将 S/O 发给拖车公司。拖车公司拿到 S/O 后,会安排打单。所谓打单就是凭 S/O 去指定地点,换设备交接单。设备交接单在接下来的运输过程中都要用到。打单后,会产生柜号和封条号。封条就是个塑料和金属制成的锁头,是一次性的而非概念中纸制贴上去的封条。拖车师傅凭设备交接单去指定的集装箱堆场提取空箱。提到空箱后,拖车师傅根据确认好的装箱地点和时间,准时到达工厂准备装箱。

注意:一定要小心小柜,即 20 英尺柜。一般情况下,一辆集卡车出车要安排一个大柜或者两个小柜,所以只有一个小柜时是需要车队帮忙拼柜的。在拼柜之前,必须要确认舱位已放,工厂要确认货物已好,两方面都确认才能拼柜。一般情况下,下午四五点临时加排小柜,很难保证可以拼到,拼不到就会产生一个小柜单放的情况。这时,拖车费是按照一个高柜收取的。因此,如果下午四五点临时取消一个小柜的情况下,是需要给车队补上差价的,差价是高柜减去小柜的拖车价格。外贸跟单员在工作中要谨慎处理这种情况。

(四) 装箱

出口贸易中工厂装箱环节也极为重要。为了避免不必要的损失,装箱时请注意以下要点:

1. 装箱前请核对到厂柜子的箱封号和装箱单上是否一致,目的港、箱型是否与要求一致。

2. 空箱时,检查箱子是否干净、整洁、无破损,并拍照(车队一道把关,工厂二道把关)。

3. 装货前,请关好箱门,检查箱子是否有光线渗透进来。

4. 装箱前,检查箱体四角是否全部装入箱脚中,并且装箱时前后左右重量尽量平衡,以免运输途中箱子倾翻而造成重大损失。

5. 装箱时、装箱完毕时建议拍照,以备日后取证需要;关好箱门,封锁前请再仔细检查封条是否准确。

6. 装完箱后,请与仓库仔细核对装箱的件数、毛重,并在箱单上填写准确毛重,以免码头过磅时或海关查验时,实际与报关不符,造成货物不能及时出运。

7. 装箱货物请勿超载超限,如实告知货代重量,据此配合适的船派合适的车型。

8. 一天内如果到厂柜子较多,可要求货代在装箱单填写合同号等来区别。同时同厂对柜到不同港口的柜子,尤其要注意核对港口及合同号,切勿装错货,装反货。

9. 进厂、出厂时,箱门要关紧,不关紧会存在很大安全隐患,会撞到人,撞坏设备,损坏货物。

10. 装箱之后,要把集装箱封上,司机师傅把装货的箱子拉回指定堆场。堆场收到箱子后,会向海关系统发送运抵信息。

（五）报检报关

根据海关总署统一部署，海关进出口货物整合申报自 2018 年 8 月 1 日起实施，原报关单、报检单合并为一张新报关单。原报关报检申报系统整合为一个申报系统，通过录入一张报关单、上传一套随附单证、采用一组参数代码，实现一次申报、一单通关。在一般情况下海关系统成功接收运抵信息后，就可以正式报检报关。比如宁波港要求箱子先进港，有运抵报告信息后才能报关。但是也有例外，比如上海港。上海分外港和洋山港。外港，是按照正常情况先进港后报关，而洋山则切记要先报关，经报关通过后方可进港，而且洋山港报关有时效性，报完关后须在 72 小时之内进港。洋山港如果有开港信息，拖车当天可以安排报关。

因此，外贸跟单一定要因地制宜。比如遇到装箱单分两票报关，宁波港与上海港的操作办法是不同的。宁波港允许在装箱单上填写 AB 票；而上海港如果需要分票，提单号有可能是两个完全不同的提单号，因此必须通知代理进行添加提单号，而且箱单上的数据一定要和报关数据一致。

以上是一般情况下整箱货的出货过程，如果是拼箱货，比整箱货简单很多，订舱是一样的，确认订舱后，工厂要在指定时间将货物送到指定的仓库，货代会负责装箱报关，接下来的事情就是货代负责了。

二、衬衫订单的大货运输

2020 年 6 月初，宁波诚通公司衬衫订单生产基本完成，外贸跟单员小诚开始安排大货运输。衬衫订单用的贸易术语为 FOB，小诚核实了买方指定货代公司的资信情况，获悉该货代公司是一家较为资深的货代公司，业内信誉良好，遂与货代公司签订了委托协议。货代协议中明确，FOB 条件下，货代必须保障在接到出口商放单指令前，物权凭证控制在出口商手中，如果货代违反约定，货代公司必须承担因此产生的一切损失与责任。同时，小诚认真核对了进口商订舱委托书的具体要求，包括货物信息、托运人、收货人、通知人、装运信息等重要信息，与货代公司确定信息无误，请货代公司安排订舱运输事宜。货代公司答应会立即安排订舱，与诚通公司确定装柜方式采用内装箱方式还是门到门方式。内装箱方式是指出口商将货物送到货代指定仓库，在仓库内进行装柜；门到门方式则指货代指定车队将空箱从码头空箱堆场提回，送至指定地点（一般为工厂所在地）安排装柜。考虑到货代公司的拖柜费仅略高于国内货代公司报价，可以接受，这样也可以减少周转环节，提高工作效率，遂小诚与货代确定装柜方式为门到门装柜。

2020 年 6 月 5 日，工厂通知已经完成生产、包装、刷唛。此时，小诚接到货代公司的电话，告知舱位已订妥。货代公司已经安排好车队于 2020 年 6 月 6 日前往指定地点装柜，请小诚与之确定装柜地点。小诚将工厂的具体地址通知货代公司，并将装柜安排通知工厂。同时，2020 年 6 月 6 日，小诚前往工厂监装，上午 10：00 货代公司指定的车队将1个40英寸普柜提至工厂，开始装柜。装柜于12：00全部完成，小诚记录箱号及封号，遂与货代公司联系，通知其货物已经全部装妥，请其与车队保持联系。下午，收到海关系统成功接收运抵信息后，由于衬衫不属于法定出口检验商品，小诚关注委托报关公司的出口报关情况。2020年6月6日下午，委托报关公司顺利报关，海关放行，货物开始装船。2020年6月8日，载有该批货物的船舶顺利开航。

知识要点

一、包装的定义

我国国标GB/T 4122.1—2008中规定，包装是指为在流通过程中保护产品、方便贮运、促进销售，按一定技术方法而采用的容器、材料及辅助物等的总体名称，也指为了达到上述目的而采用容器、材料和辅助物的过程中施加一定技术方法等的操作活动。

按包装在物流过程中的使用范围，产品的包装可分为运输包装和销售包装。

（一）运输包装

运输包装又称大包装或外包装，通常又分为单件运输包装和组合包装（集合运输包装）两类。它是货物装入特定容器，或以特定方式成件或成箱包装。运输包装的作用有两个：一是保护货物在长时间和远距离的运输过程中不被损坏和散失；二是方便货物的搬运和储存。

（二）销售包装

销售包装是直接与顾客见面的包装形式，通常有三种表现形式：一是便于陈列的销售包装；二是便于使用的销售包装；三是有利于增加销量的销售包装。根据产品的特征和形状，销售包装可采用不同的包装材料和不同的造型结构与式样。

二、出口包装的主要材料

包装材料是指用于制造包装容器和包装运输、包装装潢、包装印刷、包装辅助材料等与包装有关的材料的总称。在考虑选用包装材料时，必须兼顾经济实用和可回收再利用的原则，即通常所说的"绿色包装"。所谓"绿色包装材料"是指在生产、使用、报废及回收处理再利用过程中，能节约资源和能源，废弃后能迅速自然降解或再利用，不会破坏生态平衡，而且来源广泛、耗能低、易回收且再生循环利用率高的材料和材料制品。能用作出口包装材料的品种很多，如木材、纸、塑料、金属等，此外还有玻璃、陶瓷、天然纤维、化学纤维、复合材料、缓冲材料等。它们的成分、结构、性质、来源、用量及价格，决定着包装的性质、质量和用途，并对包装的生产成本和用后处理等有重要影响。

（一）木材包装材料

木材作为包装材料，具有悠久的历史，现在虽然出现了许多优质的包装材料，但木材具有很多优点：分布广，可以就地取材，质轻且强度高，有一定的弹性，能承受冲击和振动作用，容易加工，有很高的耐久性且价格低廉，等等。因此木材在现今的包装工业中仍然占有很重要的地位。

为了保证木质包装箱内不含任何有害昆虫，联合国粮农组织和《国际植物保护公约》秘书处颁布了《国际贸易中木质包装材料管理准则》《国际植物检疫措施标准第15号》，要求所有的贸易出口国（地区）必须在木质包装材料上贴上全球统一的标签，以证明其木质包装箱已经经过加热和烟熏处理。

1. 木质包装箱的用材选择

外贸跟单员应了解出口包装箱对使用木材的基本要求，不同的木材其价格不同。目前，产品包装正在进行一场革命，尽管曾经充当主角的木质包装正在被塑料制品包装、纸制品包装、金属包装等所取代，但就目前的发展水平看，传统的木质包装还在出口包装行业中起着举足轻重的作用。出口常用的木制品包装有木箱、木桶、夹板等。较为笨重的五金、机械和怕压、怕摔的仪器、仪表以及纸张等商品大都使用这类包装。木质包装的木材根据出口产品包装的内容物不同，有不同的要求。因此，木材的密度、相应的硬度和握钉力等性能及木材的价格是选做包装用材等级的重要依据。

2. 出口包装用人造板材

人造板材的种类很多，主要有胶合板、纤维板、刨花板等。除胶合板外，所使用的原料均系木材采伐过程中的剩余物，这使枝杈、截头、板皮、碎片、刨花、锯木等废料都得到利用，而且人造板材强度高、性能好。$1\ m^3$ 的人造板材可相当于数立方米的木材；3 mm 厚的纤维板、胶合板相当于 12 mm 厚的板材。因此，世界各国为了充分利用木材，都竞相发展人造板材。

（二）纸质包装材料

纸质包装材料是当前国际流行的"绿色包装"所使用的材料。由于纸质包装材料的主要成分是天然植物纤维素，易被微生物分解，减少了处理包装废弃物的成本，而且纸质包装的原材料丰富易得，在包装材料中占据主导地位。

与其他包装材料相比，纸质包装材料具有性价比高、良好的弹性和韧性、对被包装物有良好的保护作用、符合环保要求、可回收利用等优点，被广泛利用。

纸质包装材料包括纸、纸板及其制品，它们在包装材料中占据着主导地位。从发展趋势预测，纸与纸板无论在今天还是将来，都是一种主要的包装材料。

1. 出口包装用纸

包装用纸大体上可分为食品包装用纸与工业品包装用纸两大类，但有些包装用纸既可作为食品包装用，也可作为工业品包装用。食品包装用纸除要求有一定强度外，还要符合卫生标准。工业包装用纸则要求强度大、韧性好,以及具有某些符合特种包装要求的特别性能。这两大类包装用纸都要求不但能保护商品安全,还能起到装潢产品的作用。

2. 出口包装用纸板

(1) 牛皮箱纸板,又称挂面纸板,是运输包装用的高级纸板。它具有物理强度高、防潮性能好、外观质量好等特点。它主要用于制造外贸包装纸箱及国内高级商品的包装纸箱,作为电视机、电冰箱、大型收录机、自行车、摩托车、五金工具、小型电机等商品的运输包装用。国家标准有一号、特号牛皮箱纸板两种。一号牛皮箱纸板主要用于包装高档轻纺产品、日用百货、家用电器等。特号牛皮箱纸板主要用于包装出口包装,不仅要具有高于一号牛皮箱纸板的物理强度,还要具有更高的防潮性能,可用于包装出口冷冻食品,能经受 -15℃~30℃低温冷藏,纸箱不能变形,不瘪箱。近年来国家发展了一些质量略低于牛皮箱纸板的仿牛皮箱纸板,以20%左右的木浆(或竹浆、红麻杆浆、胡麻杆浆)挂面,80%左右的草浆、废纸浆作芯浆、底浆进行生产。

(2) 箱纸板。生产箱纸板所用原料由于各个国家、地区的资源情况不同而有所不同。森林资源丰富的国家主要用木浆和废纸,木材资源缺乏的国家则主要以草类纤维原料为主。我国箱纸板生产大多以草浆为主。箱纸板与牛皮箱纸板一样,都是制作运输包装纸箱的主要材料,但箱纸板质量低于牛皮箱纸板,是中、低档包装纸箱,用于一般百货包装。国产箱纸板按部颁标准规定分为一号、二号、三号三种。一号为强韧箱纸板,二号为普通箱纸板,三号为轻载箱纸板。我国生产的多数为二号、三号两种,一般都统称为普通箱纸板。箱纸板定量按规定有 310 g/m^2、365 g/m^2、420 g/m^2、475 g/m^2、530 g/m^2 五种,目前多数生产 420 g/m^2,成品规格有卷筒纸与平板纸。

(3) 瓦楞纸板。它是由瓦楞纸与两面箱纸板融合制成的纸板。典型的瓦楞纸板至少是由两面纸板,一中层瓦楞芯纸,用胶黏剂接而成的复合加工纸板。瓦楞纸板的类别主要是依据构成瓦楞纸板的瓦楞规格、瓦楞形状和用纸层数的情况来区分的。

瓦楞规格指的是用不同的瓦楞型号轧制的瓦楞纸板。不同的瓦楞型号具有不同的瓦楞高度(楞谷和楞峰之间的高度)、不同的瓦楞数(楞与楞之间的疏密程度)和不同的瓦楞收缩水率。瓦楞规格的型号以瓦楞轮廓的大小、粗细程度为序依次列为 K、A、C、B、D、E、F 等七种型号,其中 A、C、B、E 四种型号比较普遍使用。目前世界各国对瓦楞型号种类的代号称谓比较统一,但对于每一种瓦楞型号种类的技术要求并不完全一致,略有差异。

瓦楞形状是指瓦楞齿形轮廓的波纹形状,主要区别在于楞峰与楞谷圆弧半径大小。瓦楞形状有三种:U形、V形、UV形。U形,峰、谷圆弧半径较大;V形,较小;UV形处于中间状态。

综观 U、V、UV 三种瓦楞形状的优缺点，U 形和 V 形的利弊均显而易见，UV 形的优点虽然不是最理想，但缺点也不突出，综合性能比较能适应大多数瓦楞包装的普遍要求，因此，UV 形瓦楞在世界各国都比较广泛地得到采用。当然，有些需要特别强调缓冲性能和减震作用的包装，或者对于某些要求硬度和挺立特别高的瓦楞包装容器，则应选用在这些方面具有某种特殊效果的 U 形和 V 形瓦楞。

用纸层数指的是用以被制成瓦楞纸板的厚纸层数。一般有以下四种：二层瓦楞纸板（又称单面瓦楞纸板）；三层瓦楞纸板（又称双面瓦楞纸板）；五层瓦楞纸板（又称双层瓦楞纸板）；七层瓦楞纸板（又称三层瓦楞纸板）。

不同层数纸张构成瓦楞纸板的基本组合形式。二层瓦楞纸板通常是作为包装衬垫物料使用。多数用瓦楞高度较低的 C、B、E 型瓦楞和弹性比较好的 U 形或 UV 形瓦楞来制作。三层瓦楞纸板通常是用来制作中、小型瓦楞纸箱和衬板用。大多采用 A、C 等瓦楞高度较高和物理性能适中的 UV 形瓦楞来制作；至于用来制作瓦楞纸盒内包装的三层瓦楞纸板，则多采用瓦楞高度较低、印刷效果较好的 B、E 等型号瓦楞和瓦楞性能适中的 UV 形瓦楞来制作。五层瓦楞纸板通常是用来制作包装容积较大、内容物较重的大型或中型的瓦楞纸箱，以及材板或其他瓦楞包装构件。五层瓦楞纸板应根据其包装功能的要求，选择适宜的瓦楞型号和瓦楞形状的配置，一般多选用厚度较高的 A、C 或 B 型瓦楞来制作。在实际使用过程中，往往要根据包装功能的需要和流通运作的特点，考虑以缓冲性能较佳的 A 和 C 型瓦楞来制作里层的芯纸，而用平压强度较高的 C、B 型瓦楞作为外层瓦楞。瓦楞形状的配置，由于设备和工艺上的局限，较难按理想要求随意搭配，所以一般多采用 UV 形的瓦楞来制作。如果条件允许，尽可能考虑采用不同形状和型号的瓦楞来制作，以便达到更加理想的包装效果。七层瓦楞纸板一般用以加工制作成大型及特大型的瓦楞纸箱，也可以结合木质托盘或者与其他材料构件配套制成超重型的瓦楞包装容器，它具有很高的承重抗压性能。七层瓦楞纸箱或容器的内容物大都是体大量重的货物。一般可考虑采用 B+A+B 型的瓦楞结构来制作瓦楞纸板，这种结构方式既可保证纸板有一定的总厚度和负载力，又能使纸板的里、外层都具有一定的平面耐压强度，使箱体的表层和里层都具有承受来自外部冲撞和内容物挤压的相应抗强能力。在某种特定要求的情况下，也可采取 B+A+C、C+A+C、B+A+A、A+A+A 乃至 E+B+A 等型号瓦楞组合方式制作七层瓦楞纸板。至于瓦楞形状的选择除特殊要求外，通常都采用 UV 形瓦楞。

（4）黄纸板。又称草纸板，是一种低级包装纸板，主要用于制作衬垫。黄纸板虽属低级包装纸板，但要求其表面细洁，不许有谷壳、草节等硬质杂物，纸板要平整，不许有翘曲现象，否则会影响其质量。黄纸板具有黄亮的色泽，为原料的本色，还要求具有一定的耐破度和挺度。黄纸板的质量等级分特号、一号两种，现在生产的多数为一号。其定量规格分六种，从 310 g/m² 开始，每递增一个规格，定量增加 110 g/m²。黄纸板多数为平纸板，尺寸为 787 mm×1 092 mm，也有少量卷筒纸。

（5）白纸板。白纸板是销售包装的重要包装材料，其主要用途是经彩色套印后制成纸盒，供商品包装用，起着保护商品、装潢商品、美化商品和宣传商品的作用。作为一种重要的包装材料，白纸板的生产已有百年历史。白纸板具有一系列其他包装材料（如塑料）难以相比的优点，并在包装材料日新月异的形势下，依然保持重要的地位。

（三）塑料包装材料

塑料是可塑性高分子材料的简称，具有质轻、美观、耐腐蚀、机械性能高、可塑性强、易于加工和着色等特点。随着科技的发展，性能高、功能强、无毒、易回收利用或降解的新型塑料包装材料不断地出现，被广泛用于各类产品的包装。

1. 塑料的分类。

塑料的品种很多，根据它们的组成、性质和用途可分为如下几种。

（1）通用塑料：一般指产量大、用途广、成型性好、廉价的塑料，如聚乙烯、聚丙烯、聚氯乙烯、聚苯乙烯、酚醛塑料、ABS塑料、有机玻璃、赛璐珞等。

（2）工程塑料：一般指机械强度较高、刚性大，常用于取代钢铁和有色金属材料以制造机械零件和工程结构受力件的塑料，如聚甲醛、聚酰胺、聚碳酸酯、氯化聚醚、聚砜等。

（3）热固性塑料：因受热或其他条件能固化成不溶性物料的塑料，如酚醛塑料、环氧塑料等。

（4）热塑性塑料：是指在特定温度范围内能反复加热软化和冷却硬化的塑料，如聚乙烯、聚四氟乙烯等。热塑性塑料又分为烃类、含极性基因的乙烯基类、工程类、纤维素类等多种类型。

（5）特种塑料：一般是指具有特种功能，可用于航空、航天等特殊应用领域的塑料。如含氟塑料和有机硅具有突出的耐高温、自润滑等特殊功用，增强塑料和泡沫塑料具有高强度、高缓冲性等特殊性能，这些塑料都属于特种塑料的范畴。

2. 塑料薄膜。

塑料薄膜在塑料包装中占据相当大的比重。以塑料薄膜做包装，根据内容物的种类与包装方式，要求有所不同。塑料薄膜的品种很多，常常可用下列一些简便的方法加以鉴别。由于各种塑料薄膜在物理性能方面有一定差异，通常先观察外观，如光泽、透明度、色调、挺立、光滑性等。无色透明、表面有漂亮的光泽、光滑且较挺实的薄膜是聚丙乙烯、聚酯、聚碳酸酯等。手感柔软的薄膜是聚乙烯酸、软质氯乙烯。透明薄膜经过揉搓后变成乳白色的是聚乙烯、聚丙烯。振动时发出金属清脆声的薄膜是聚酯、聚苯乙烯等。

（四）金属包装材料

金属是主要包装材料之一，被广泛应用于食品、饮料、化工、医药、建材、家电等行业，是食品罐头、饮料、糖果、饼干、茶叶、油墨、油漆、染料、化妆品、医药和日用品等的包装容器。金属包装材料中产量和消耗量最多的是镀锡薄钢板,其次是铝合金薄板,镀铬薄钢板位居第三。下面主要介绍包装用金属材料。

1. 镀锡薄钢板。

镀锡薄钢板简称镀锡板,俗称马口铁,是两面镀有纯锡(1号、2号锡锭)的低碳薄钢板。以热浸工艺镀锡的称热浸镀锡板,以电镀工艺镀锡的称电镀锡板。电镀锡板未加涂料的称电素铁,电镀锡板加上涂料的称涂料镀锡板(涂料铁)。镀锡板对空气、水、水蒸气等有很好的耐蚀性,且无毒,具有易变形和良好可焊性的特点,表面光亮、美观,能进行精美的印刷和涂饰。目前电镀板大部分用于包装工业。

镀锡板原料是含碳小于0.25%的低碳钢,生产方法是先将钢锭或连续铸造钢材经过热轧和冷轧成一定的毫米区间,最常用厚度为0.2 mm、0.23 mm、0.25 mm、0.28 mm四种规格,可按照罐型大小、内装物性质进行选择。目前我国使用较多的规格是714 mm×510 mm和827 mm×730 mm等。

判断镀锡包装材料的优劣主要看其表面质量,应光亮、洁净,没有裂纹、破口、折边、分层、锈斑、油迹、宽带锡流、群集的锡堆积、漏铁点等,但允许有不超过规定的缺陷。

镀锡薄钢板虽有较高的耐蚀性,但若长期存放,锡也会缓慢氧化而变黄,在潮湿空气或工业性气氛中也会生锈而失去光泽。因此,镀锡薄钢板需库内存放,存放期一般不要超过6~12个月。此外,由于锡的电极电位比铁高,当镀锡层发生破损时,会加速钢板的锈蚀,因而在装卸、搬运、保管、使用过程中,均应注意不要插伤、损坏镀锡层。

2. 镀铬薄钢板。

镀铬薄钢板又称铬系无锡钢板(TFS-CT),简称镀铬板,是为节约用锡而发展的一种镀锡板代用材料。镀铬板目前广泛应用于罐头和其他制罐工业,罐头工业应用最多的是啤酒和饮料罐及一般食品罐罐盖等。

镀铬板用的原板和镀锡原板一样,都是低碳冷轧薄钢板或带钢,只是把钢板表面镀锡改成镀铬,其他工序(冷轧、退火、平整、纯化、涂油等)完全相同。

与镀锡板相比,镀铬板的特点是:成本低,比镀锡板约低10%,但外观光泽不及镀锡板好看;耐蚀性稍差,因此使用时内外表面要上涂料;附着力强,对有机涂料的附着力比镀锡板强3~6倍;抗硫化腐蚀能力也比镀锡板强。镀铬板不能锡焊,只能采用搭接电阻焊或黏合;韧性差。制罐时易破碎,因而不宜冲拔罐,可用于深冲罐。常用作啤酒或饮料罐。

3. 镀锌薄钢板。

镀锌薄钢板简称镀锌板,俗称白铁皮,是低碳薄钢板镀上一层厚0.02 mm以上的锌作为防护层,使钢板的防腐蚀能力大大提高。依生产方式,镀锌板主要分为热镀锌板和电镀锡板。热镀锌板的锌镀层较厚,占镀锌板产量的绝大部分;电镀锌板的锌镀层较薄，主要用作涂塑料和涂漆的底层。热镀锌板主要用了制造各种容量的桶和特殊用途的容器，耐腐蚀性和密封性良好，用于包装粉状、浆状和液状产品。热镀锌板是应用较多的一种金属包装材料。

镀锌板的技术要求主要有表面质量、机械性能、镀锌强度、钢板不平度和周边斜切等。机械性能要经反复弯曲试验，即测定夹在虎钳（钳口半径 3 mm）上的试样向两边弯曲 90°至折断时能经受的反复弯曲次数。包装容器使用的镀锌板标准厚度有：0.50 mm、0.60 mm、0.80 mm、1.0 mm、1.2 mm、1.4 mm、1.6 mm、1.8 mm、2.0 mm。

4. 低碳薄钢板。

低碳薄钢板是指含碳量不大于 0.25% 的薄钢板。薄钢板经过剪裁、成型（如滚弯、涨筋）和连接（如焊接、卷边）可直接制造金属包装容器，如各种规格的钢桶等。采用薄钢板的优点是供应充分、成本低廉、加工性能好，制成的容器有足够的强度和刚度。

钢板按厚度分为厚钢板（厚度 >4 mm）与薄钢板（厚度≤4 mm）两种。生产包装容器只用薄钢板。薄钢板的厚度范围 0.35 ~ 4 mm，宽度范围为 500 ~ 1 500 mm，长度范围 1 000 ~ 4 000 mm。薄钢板按轧制方法可分为热轧薄钢板与冷轧薄钢板两种。冷轧薄钢板的表面比较平整光洁，厚度误差小。未经酸洗的热轧薄钢板有淡蓝色薄层氧化铁，经过酸洗的冷轧薄钢板有轻微浅黄色薄膜。一般钢板应在酸洗条件下剪成矩形供应，亦可成卷供应。对钢板的厚度、长度、宽度、表面质量、不平度、横向剪切的斜切和镰刀弯等都有相应的标准规定。

我国用于制造包装容器的低碳薄钢板有两种，即普通碳素结构薄钢板和优良碳素结构薄钢板。普通碳素结构薄钢板与优质碳素结构薄钢板的主要区别是对碳含量、性能范围要求及对磷、硫等有害元素含量的限制。

5. 铝系金属包装材料。

铝是钢以外的另一大类包装用金属材料。包装用铝材主要有铝板、铝箔和镀铝薄膜三种形式。铝板主要用于制作铝质包装容器，如罐、盆、瓶及软管等。铝箔多用于制作多层复合包装材料的阻隔层，用于食品（主要为软包装）、香烟、药品、洗涤剂和化妆品等包装。镀铝薄膜是复合材料的另一种形式，是一种新型复合软包装材料。以特殊工艺在包装塑料薄膜或纸张表面（单面或双面）镀上一层极薄的金属铝，即称为镀铝薄膜。镀铝薄膜主要用作食品，如快餐、点心、肉类、农产品等的真空包装，以及香烟、药品、酒类、化妆品等的包装及装潢、商标材料。

（1）铝板。铝是一种轻金属，在大气中非常稳定，加工工艺性能优良，是一种应用非常广泛的金属。铝合金（主要是铝—镁、铝—锰合金）板材的强度较纯铝更高。由于铝对酸、碱、盐不耐蚀，所以铝板均需经涂料后使用。铝板主要用于制作铝质包装容器，如罐、盒、瓶等。此外，铝板因加工性能好，是制作易开瓶罐的专用材料。

(2) 铝箔。用于包装的金属箔中，应用最多的是铝箔。铝箔是采用纯度为 99.3% ~ 99.9% 的电解铝或铝合金板材压延而成，厚度在 0.20 mm 以下。我国现在生产的工业用铝箔有 4 种宽度范围、18 种不同厚度，其系列产品如下：

铝箔宽度：10 ~ 39 mm，39 ~ 130 mm，130 ~ 220 mm，220 ~ 600 mm。

铝箔厚度：0.005 mm、0.0075 mm、0.010 mm、0.012 mm、0.014 mm、0.016 mm、0.020 mm、0.025 mm、0.030 mm、0.040 mm、0.050 mm、0.060 mm、0.070 mm、0.080 mm、0.100 mm、0.120 mm、0.150 mm、0.200 mm。

(3) 铝箔复合薄膜。铝箔复合薄膜属软包装材料，是由铝箔与塑料薄膜或纸张复合而成。常用的塑料薄膜有聚乙烯（PE）、聚丙烯（PP）、聚对苯二甲酸乙二醇酯（简称聚酯、PET）、聚偏二氯乙烯、聚酯、尼龙等。最常用的塑料薄膜有聚酯（PET）、尼龙（NY）、双向拉伸聚丙烯（BOPP）、低密度聚乙烯（LDPE）、聚氯乙烯（PVC）等。前三种镀铝薄膜有极好的黏结力和光泽，是性能优良的镀铝复合材料。镀铝聚乙烯薄膜则因价格低、装潢性好受到欢迎。镀铝聚丙烯薄膜还可制成易启封的封口，用于药品的易开包装。镀铝基材的优点是成本比塑料膜低，它和铝箔/纸复合材料相比较，更薄，它的加工性能则较铝箔/纸好得多，例如模切标签时利落整齐，印刷中不易产生卷曲，不留下折痕，因此，目前大量取代铝箔纸而成为新型商标标签及装潢材料。

三、包装标志

（一）运输标志

在进出口货物的交接、运输、通关和储存的过程中，为了便于识别货物，避免错发，在每件货物的外包装上，必须以不易脱落的油墨或油漆刷上一些易于识别的图形、文字和数字等明显标志。

运输标志简称唛头，其内容一般包括收货人简称、合同编号、目的港（地）和件数等。运输标志一般由卖方决定，有时也可由买方指定，但须在合同中明确规定买方应在货物装运前若干天告之卖方，以免影响货物发运。运输标志如图 6 - 2 所示。

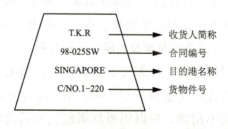

图 6 - 2　运输标志

(二) 指示性标志

指示性标志（Indicative Mark）是关于操作方面的标志。它是根据货物的特性，对一些容易破碎、残损、变质的货物以简单醒目的文字、图形或图案在运输包装上做出的标志，用以提醒操作人员在货物的运输、储存和搬运过程中注意，以免损坏货物。常用的指示性标志如表6-5。

表6-5 常用的指示性标志

中文	英文	图示标志
小心轻放 玻璃制品 易碎品	HANDLE WITH CARE GLASS FRAGILE	（白纸印黑色）
禁用手钩	USE NO HOOKS	（白纸印黑色）
此端向上	THE WAY UP	（白纸印黑色）
怕热	KEEP IN COOL PLACE	（白纸印黑色）

(三) 警告性标志

警告性标志又称危险品标志。凡在运输包装内装有爆炸品、易燃品、有毒物品、腐蚀性物品、氧化剂和放射性物品等危险货物时，都必须在运输包装上标明各种危险品的标志，以示警告，使装卸、运输和保管人员按货物特性采取相应的防护措施，以保护货物和人身的安全。

除我国颁布的《危险货物包装标志》外，联合国政府间海事协商组织也规定了一套《国际海运危险品标志》，因此，在我国危险货物的运输包装上，要标明我国和国际上所规定的两种危险品标志。

有关联合国危险货物运输标志如图6-3所示。

（A）爆炸品　　　（B）有毒物品（第2类和第6.1类）　　　（C）易自燃物品
UNTRANSPORT SYMBOL FOR EXPLOSIVES　　UNTRANSPORT SYMBOL FOR POISONOUS SUBSTANCES （GASES CLASS 2. OTHER POISONOUS SUBSTANCES CLASS 6.1）　　UNTRANSPORT SYMBOL FOR SUBSTANCES LIABLE TO SPONTANEOUS COMBUSTION

图6-3　警告性标志

（四）IPPC 与 IPPC 标识

IPPC 是《国际植物保护公约》，它是一项用来保护植物物种、防治植物及植物产品有害生物在国际上扩散的公约。IPPC 标识，就是国际木质包装检疫措施标识。IPPC 标识用来识别符合 IPPC 标准的木质包装。木质包装上有该标识的表示该木质包装已经经过 IPPC 检疫标准处理。

IPPC 标识式样如图6-4 所示，它包括4个方面的信息：

首先，左侧的图形是国际植物保护公约（IPPC）注册的用于按规定实施除害处理合格的木质包装上的符号。

其次，CN 是国际标准化组织的2个字母国家编码，中国就是 CN；000 代表国家植物保护机构给予木质包装生产企业的独特登记号；YY 代表除害处理方法，如 MB 表示溴甲烷熏蒸处理，HT 表示热处理；同时输出国官方植物检疫机构或木质包装生产企业可以根据需要增加其他信息。

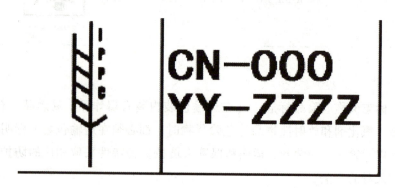

图6-4　IPPC 标识

标识必须加施于木质包装的显著位置，至少应在相对的两面。标识应清晰易辨，具永久性和不可改变性，避免使用红色或橙色。

四、集装箱运输

集装箱运输是以集装箱为集合包装和运输单位，适合门到门交货的成组运输方式，是成组运输的高级形态，也是国际贸易运输高度发展的必然产物。目前，它已成为国际上普遍采用的一种重要的运输方式。

(一) 集装箱运输的优点

集装箱英文为 container，是能装载包装或无包装货物进行运输，并便于用机械设备进行装卸搬运的一种组成工具。

集装箱运输的优点如下：

(1) 可露天作业，露天存放，不怕风雨，节省仓库。

(2) 可节省商品包装材料，可保证货物质量、数量，减少货损差。

(3) 便于装卸作业机械化，节省劳动力和减轻劳动强度。

(4) 可提高车船的周转率；减少港口拥挤，扩大港口吞吐量。据统计，一个集装箱码头的作业量可顶 7~11 个普通码头。一艘集装箱船每小时可装卸货物 400 吨，而普通货轮每小时只能装卸 35 吨，每小时的装卸效率相差 11 倍。

(5) 减少运输环节，可进行门到门的运输，从而加快货运速度，缩短了货物的在途时间。

(6) 减少运输开支，降低了运费。据国际航运界报道，集装箱运费要比普通件杂货运费低 5%~6%。

(二) 集装箱的种类

集装箱运输的初期、集装箱的结构和规格各不相同。集装箱标准化经历了一个发展过程。国际标准化组织 ISO/TC104 技术委员会自 1961 年成立以来，对集装箱国际标准作过多次补充、增减和修改，现行的国际标准为第 1 系列，共 13 种，其宽度均一样 (2 438 mm)、长度有四种 (12 192 mm、9 125 mm、6 058 mm、2 991 mm)，高度有三种 (2 896 mm、2 591 mm、2 438 mm)。

目前的集装箱种类很多，分类方法也多种多样。

比如按规格尺寸分，国际上常用的干货柜就有 20 英尺货柜、40 英尺货柜和 40 英尺高柜三个规格尺寸。其中 20 英尺货柜为外尺寸为 20 英尺×8 英尺×8 英尺 6 英寸，40 英尺货柜的外尺寸为 40 英尺×8 英尺×8 英尺 6 英寸，40 英尺高柜的外尺寸为 40 英尺×8 英尺×9 英尺 6 英寸。

按所装货物种类分，就可以分为干货集装箱 (Dry Container)、散货集装箱 (Bulk Container)、液体货集装箱、冷藏箱集装箱，以及一些特种专用集装箱，如汽车集装箱、牧畜集装箱、兽皮集装箱等，其中干货集装箱是最普通的集装箱，主要用于运输一般杂货，适合各种不需要调节温度的货物使用的集装箱，一般称通用集装箱。

按制造材料分，主要有钢质集装箱、铝质集装箱、玻璃钢集装箱三种，此外还有木质集装箱、不锈钢集装箱等。

按结构分,可分为固定式集装箱、折叠式集装箱、薄壳式集装箱三类。其中的固定式集装箱中还可分密闭集装箱、开顶集装箱(Open Top Container)、板架集装箱等。

(三)集装箱箱号

集装箱箱号就是Container NO,标准集装箱箱号采用ISO 6346(1995)标准,由11位编码组成,包括三个部分。

集装箱箱号,一共11位编码(图6-5)。

第一部分由4位英文字母组成。前三位代码是箱主代码,主要说明箱主、经营人,是集装箱所有人自己规定并向国际集装箱局登记注册的,如中海为CCL,中国远洋为COS,OOL为东方海外。第四位代码说明集装箱的类型,通常以字母U表示,指的是常规集装箱。若为J表明该集装箱带有可拆卸设备,若为Z则表示带拖车和底盘车的集装箱。

图6-5 集装箱箱号

第二部分由6位数字组成,是箱体注册码,是一个集装箱箱体持有的唯一标识。通常1和9开头的集装箱是特种箱,数字4、7、8开头的是大柜,2、3开头的是小柜。

第三部分就是第11位数字,它是校验码,由前4位字母和6位数字经过校验规则运算得到,用于识别在校验时是否发生错误。

(四)集装箱运输的方式

集装箱运输就是将一定数量的单件货物装入标准规格的金属箱内,以集装箱作为运送单位所进行的运输,可适用于海洋运输、铁路运输及国际多式联运。

集装箱运输方式有整箱货(Full Container Load,FCL)和拼箱货(Less Than Container Load,LCL)之分。凡装货量达到每个集装箱容积之75%的或达到每个集装箱负荷量之95%的即为整箱货,由货主或货代自行装箱后以箱为单位向承运人进行托运;凡货量不到上述整箱标准的,须按拼箱货托运,即由货主或货代将货物送交集装箱货运站(Container Freight Station,CFS),货运站收货后,按货物的性质、目的地分类整理,而后将去同一目的地的货物拼装成整箱后再行发运。

整箱货由货主在工厂或仓库进行装箱,货物装箱后直接运交集装箱堆场(Container Yard,CY)等待装运。货到目的港(地)后,收货人可直接从目的港(地)集装箱堆场提货,即"场到场"方式。

拼箱货是指由于货量不足一整箱,所以需由承运人在集装箱货运站负责将不同发货人的少量货物拼在一个集装箱内,货到目的港(地)后,再由承运人拆箱分拨给各收货人,即"站到站"的方式。

其中,当交接方式为堆场到堆场时,则发货人整箱交货,收货人整箱接货;当交接方式为货运站到货运站时,则发货人拼箱交货,收货人拆箱接货。此外,集装箱运输亦可实现"门到门"的运输服务,即由承运人在发货人工厂或仓库接货,在收货人工厂或仓库交货。

集装箱的交接方式应在运输单据上予以说明。

1. FCL/FCL，即整箱交/整箱收。

在这种交接方式下，集装箱的具体交接地点有以下四种情况：

Door To Door，即门到门，指在发货人的工厂或仓库整箱交货，承运人负责运至收货人的工厂或仓库整箱交收货人。

Cy To Cy，即场到场，指发货人在启运地或装箱港的集装箱堆场整箱交货，承运人负责运至目的地或卸箱港的集装箱堆场整箱交收货人。

Door To Cy，即门到场，指在发货人的工厂或仓库整箱交货，承运人负责运至目的地或卸箱港的集装箱堆场整箱交收货人。

Cy To Door，即场到门，指发货人在启运地或装箱港的集装箱堆场整箱交货，承运人负责运至收货人的工厂或仓库整箱交收货人。

2. LCL/LCL，即拼箱交/拆箱收。

在这种交接方式下集装箱的具体交接地点只有一种情况，为 CFS to CFS，亦即站到站。发货人将货物运往启运地或装箱港的集装箱货运站，货运站将货物拼装后交承运人，承运人负责运至目的地或卸箱港的集装箱货运站进行拆箱，由货运站交各有关收货人。

3. FCL/LCL，即整箱交/拆箱收。

在这种交接方式下，集装箱的具体交接地点有以下两种情况：

Door To CFS，即门到站，指在发货人的工厂或仓库整箱交货，承运人负责送至目的地或卸货港的货运站，货运站拆箱按件拨交各有关收货人。

Cy To CFS，即场到站，指发货人在启运港或装箱港的集装箱堆场整箱交运，承运人负责目的地或卸货港的集装箱货运站，货站拆箱按件拨交有关收货人。

4. LCL/FCL，即拼箱交/整箱收。

在这种交接方式下，集装箱的具体交接地点也有以下两种情况：

CFS To Door，即站到门，指发货人在启运地或装箱港的集装箱货运站按件交货，货运站进行拼箱，然后由承运人负责运至目的地收货人工厂或仓库整箱交货。

CFS To Cy，即站到场，指发货人在启运地或装箱港的集装箱货运站按件交货，货运站进行拼箱，然后，承运人负责运至目的地或卸箱港的集装箱堆场，整箱交收货人。

每个集装箱有固定的编号，装箱后封闭箱门的钢绳铅封上印有号码。集装箱号码和封印号码可取代运输标志，显示在主要出口单据上，成为运输中的识别标志和货物特定化的记号。

(五) 集装箱运输的主要货运单证

集装箱运输的货运单证，出口的主要有托运单（含场站收据）、装箱单、设备交接和提单；进口的主要有提货单。

1. 托运单。

托运单一般为一式9联（含场站收据，其英文为 Dock Receipt，缩写为 DR），由发货人或货代根据轮船公司印就的格式进行填制。船公司或其代理接受订舱后便在托运单上加列船名、航次及编号，该编号不得用手写，并应与事后签发的货物提单号相一致，然后托运人持托运单办理发货、报关等有关事项。当货物送至集装箱码头堆场或货运站时，由接收货物的工作人员在托运单上签字后，将该联退还托运人。

2. 装箱单。

装箱单（Container Load Plan，CLP）既是详细记载每箱货物的具体资料，又是向海关申报的必要单证，还是货、港、船三方交接货箱、船方编制船舶积载计划、制作舱单、装卸港（地）安排运输和拆箱作业不可短缺的资料。

装箱单每箱一单，每单一式10份，各有各的用途。装箱单的主要内容包括船名、航次、装货港、收货地点、卸货港、交货地点、箱号、集装箱规格、铅封号、场站收据号或提单号、收/发货人、通知人、货名、件数、包装种类、标志和号码、重量、尺码、装箱日期及地点、驾驶员签收、堆场/货运站和装箱人签署等。另外，对于需要检疫的货物，必须注明是否已检疫；对于危险品要注明危险品标志、分类及危规号；对于冷藏货或保温货要注明对温度的要求。总之，单上的所有内容必须逐项详细填写。

整箱货托运时此单由货主或货代填制，拼箱货托运时由货运站填制。无论由谁填制，所填内容必须与托运单上的相关内容相一致，如互不一致，其后果严重。例如：装货港若与托运单上的不符，可能会造成退关；卸货港若与托运单不符会造成配舱错位。如箱内所装货物品种不一，其在箱内的位置，必须要按"装箱单"上标示的"底（Front）"至"门（Door）"的顺序填写，不能任意乱填，否则会给查验、拆箱等造成困难。

3. 设备交接单。

设备交接单（Equipment Interchange Receipt）是供集装箱所有人与用箱人/运箱人之间划分责任的依据，也是用箱人/运箱人进出港区、场站进行提箱、还箱的凭证。因此设备交接单应为一箱一单、箱单同行、箱单相符。如货物在运输过程中发生短少残损，设备交接单也是进行索赔和理赔的重要单证之一。

设备交接单为一式6联，前3联是供集装箱出场时使用的，其上均印有"OUT"字样。第一、第二联于发放空箱后由堆场留存，第三联由用箱人/运箱人留存。后3联是供集装箱进场时使用的，其上均印有"I."字样。第一、第二联交付港区道口，而后由港区将第一联转船方以掌握该箱的去向，第二联由港区留存，第三联由用箱人/运箱人留存备查。

办理集装箱和设备交接单的手续通常都是在堆场的门口进行，出场/进场时都应由堆场的工作人员与用箱人/运箱人共同检查集装箱及设备的情况和设备交接单上所列的内容。

对空箱的交接要求是：箱体完好（指无损伤、变形、破口擦伤等）、水密、不漏光、清洁、干燥、无味，箱号清晰，特种集装箱的机械及电器运转正常。

对重箱的交接要求是：箱体完好（指无损伤、变形、破口、擦伤等），箱号清晰，封志完好，特种集装箱的机械电器运转正常。

双方在交接时无论有无问题都需签字，并以此单作为分清双方责任的依据。

4. 集装箱提单。

集装箱提单的内容与传统的海运提单略有不同，其上有集装箱的收货地点、交货地点、集装箱号和铅封号等内容。对整箱货，提单上所列的货物件数，应填集装箱数，同时还要将箱内所装的件数列明，以防发生货损货差时能按箱内的件数索赔，否则承运人只按集装箱数进行理赔。对于拼箱货的件数仍按传统方法填写。

支线运输承运人出具的集装箱海运提单属于直达提单而不是转船提单。该提单供发货人向银行办理议付结汇用。支线船到达中转港后，集装箱需转装二程船，二程船公司所出具的提单称为记录提单，只供收货人在目的港提货用，这种提单只起货物收据作用。

5. 提货单。

进口收货人或其代理在收到到货通知后，需持正本提单向承运人或其代理换取提货单（Delivery Order），然后向海关办理报关，经海关在提货单上盖章放行后，才能凭该单向承运人委托的堆场或货运站办理提箱或提货，提货时收货人或其代理要在提货单上盖章，以证明承运人的责任结束。

提货单一般为一式5联，第一联称提货单，此联由港方留存；第二联称费用账单，此联由收货人留存；第三联也是费用账单，此联由港方留存；第四、第五联均称交货记录，收货人提货时需在此两联上盖章，第四联由港区留存，第五联由港区转船代留存。

（六）集装箱出口运输运作

1. 订舱（即订箱）。

发货人根据实务合同或信用证中的条款，或者货代根据委托人的委托书之内容向船公司或其代理填写集装箱货物托运单，办理订舱（即订箱）手续。

2. 接受托运并制作场站收据。

从理论上说，船公司或其代理接受订舱后应根据托运单的内容制作场站收据，但实际上包括"场站收据"在内的全套托运单均由发货人或货代制作。船公司或其代理接受订舱后应在托运单上加填船名、航次和编号（该编号应与事后签发的提单号相一致），同时还应在第四联上加盖船公司或其代理的图章以示确认，然后将有关各联退还发货人或货代以便其办理报关装船和换取提单之用。

3. 发送空箱。

整箱货所需的空箱由船公司或其代理送交，或由发货人领取；拼箱货所需的空箱由货运站领取。

4. 整箱货的装箱与交货。

发货人或货代收到空箱后，应在装箱前（最晚不得晚于装箱前24小时）向海关办理报关，并应在海关监管下进行装箱，装毕由海关在箱门处施加铅封，铅封上的号码称为铅封号（Seal No.）。然后，发货人或货代应及时将货箱和场站收据一并送往堆场，堆场装卸区的工作人员点收货箱无误后，代表船方在场站收据上签字并将该收据退还，证明已收到所托运的货物并开始承担责任。

5. 拼箱货的装箱与交货。

对拼箱货，发货人亦应先行办理报关，然后将货物送交货运站，也可委托货运站办理报关，如属这种情况，则发货人应将报关委托书及报关所需要的单证连同货物一并送交货运站。货运站点收到货物后，根据货物的性质、流向、目的港（地）不同进行拼装。这时发货人最好派人在现场监装，以防发生短装、漏装、错装等事故。货运站的工作人员在点收货物后或在拼装完毕后应代表船方在场站收据上签字，并将该收据退交发货人，证明收到所托运的货物并开始承担责任。

6. 货物进港。

发货人或货站接到装船通知后于船舶开装前5天即可将货箱运进指定的港区备装。通常在船舶吊装前24小时便停止货箱进港。

7. 换取提单。

场站收据是承运人或货运站收货的凭证，也是发货人凭以换取提单的唯一凭证。如信用证上规定需要已装船提单，则应在货箱装船后换取已装船提单。

8. 货箱装船。

集装箱船在码头靠泊后，便由港口理货公司的理货人员按照积载计划进行装船。

9. 寄送资料。

船公司或其代理应于船舶开航前2小时向船方提供提单副本、舱单、装箱单、积载图、特种集装箱清单、危险货物集装箱清单、危险货物说明书、冷藏集装箱清单等全部随船资料，并应于启航后（近洋开船后24小时内，远洋开船后48小时内）采用传真或电传或邮寄的方式向卸货港或中转港发出卸船的必要资料。

（七）国内沿海，江河，湖泊水路运输

国内水路运输主要工作环节有托运、承运、装船、运输、卸船、到达通知、提货验收等。外贸跟单员在工作中常涉及的是托运（签订运输合同，提交托运货物）、到达通知（告知收货人做好接货准备）以及提货验收三个环节，有关承运、装船、运输、卸船、到达通知通常由货运单位办理。

1. 托运。

所谓托运是指货物托运人或发货人向承运人提出要求运输货物的行为。货物托运人在办理托运时，须与运输单位签订货物托运合同，办理运输手续。对于贵重货物托运，可考虑办理货物运输保险。外贸跟单员在办理货物托运时应按合同要求履行托运人的权利与义务。

托运人应当及时办理港口、公安和其他货物运输所需的各项手续，并将已办理的

各项手续的单证送交承运人。

托运人托运的货物名称、件数、重量、体积、包装方式、识别标志，应当与运输合同的约定相符。

散装货物，托运人确定重量有困难时，可以要求承运人提供计量数作为申报的重量。

托运人在提交货物前或当时，应支付有关的费用，如启运港的港口使用费、运费、中转费等。如发生延期交付时，则应支付滞纳金。

2. 提交托运货物。

托运人应在保证运输安全和货运质量的前提下，根据货物的性质和运输距离的长短，以及中转等条件做好货物的包装，使货物能适应运输、装卸。托运人向承运人提交货物，与承运人一起根据运单记载内容进行审核。由于货物的运输条件不同，承运人对货物交接验收也不同。

（1）对货物重量交接。

对按货物重量或货物件数和重量承运的件杂货，托运人与承运人共同确定货物重量，并将交接的实际重量记载在货物运单的计费单位一栏内。因为货物重量准确与否，不仅会影响承运人交付货物时可能承担的责任，而且也会影响托运人的运费支出。

（2）对货物尺码交接。

根据现行的水运法规，承运人对有些货物可按尺码或重量选择计费，因此，托运人应与承运人共同检查货物的尺码是否与托运人填写的内容相符，并将交接的实际尺码记载在"货物运单计费单位"一栏内。

（3）对货物件交接。

按件数承运的货物，托运人与承运人共同在启运港交接承运时点收清楚。如实际件数与运单记载不符，托运人应补足货物件数或在运单上予以更正。

（4）对货物包装交接。

托运人与承运人共同对货物包装进行检查，不仅要检查交接货物的实际包装是否符合运单所填写的包装形式，而且还要查看交接货物包装的外部及内部形态是否良好，包装是否完整。对货物包装不符合要求的，应由托运人整修合格后提交承运人。对危险货物的包装应严格检查是否符合危险货物运输规则的包装要求。

（5）对标志交接。

托运人与承运人共同对标志进行检查，主要是检查货物是否已按照有关规定做好运输标志、指示标志、危险品标志，标志的内容是否准确、完整，图形、文字是否清晰。

（6）承运人交接签字盖章。

承运人一旦接受托运人提交的货物，在收货单上盖港戳后，承托关系即已成立，也就是说承托双方应各自履行相应法规所规定的权利和义务。承、托双方之间的权利和义务是相互依存的，一方的权利也是另一方的义务，承、托双方必须依据相应法规作为自己在货物运输全过程中的行动准则。承托关系的建立，则意味着托运人取得了托运货物的权利，也承担了使货物处于良好状态的义务和支付运费的义务。承运人负责及时、完好地将货物运抵运单中记载的目的港，也就取得了收取运费的权利。

3. 通知收货人做好接货准备。

货物托运后，将货物已托运的信息及时告知收货人，请收货人注意承运人的到货通知。所谓到货通知，是承运人向收货人发出货物已运达，且已具备提货的条件的通知。到货通知的主要作用有：可以让收货人做好提货准备工作；可依据到货通知的发出时间计算货物的保管费；是计算货物是否按时运抵的依据之一，是划分承托双方责任的依据之一。

外贸跟单员及时将货物已托运的信息告知收货人，请收货人及时做好接货准备，这在运输货物数量较大的情况下是十分必要的。

4. 接收货物。

在国内运输中常常出现托运人就是收货人的情况，这就会涉及在企业所在地之外第三地接收货物的情况。在接收货物时需要注意以下事项：

收货人接到到货通知后，应当及时组织提货，不得因对货物进行检验而滞留船舶。

承运人交付货物时，要核对证明收货人单位或者身份以及经办人身份的有关证件，因此在提货时，提货人要带齐有关证件。

收货人在提货时应验收货物，并签发收据，发现货物损坏、灭失的，交接双方应当编制货运记录，为货物处理做好取证工作。

如果收货人在提取货物时没有就货物的数量和质量提出异议，视为承运人已经按照运单记载交付货物，除非收货人提出相反的证明。

（八）集装箱的行业术语介绍

1. 大柜、小柜、双背。

大柜一般指40英尺的集装箱，通常指40GP和40HQ。45英尺集装箱通常认为属于特种柜。小柜一般指20英尺的集装箱，通常是指20GP。双背是指两个20英尺的小柜。比如一辆拖车同时拉两个20英尺的小柜，港口吊装时，一次性吊装两个20英尺的集装箱到船上。

2. 拼箱、整箱。

拼箱指一个集装箱里有多个货主的货物，装不满一个整箱的小批量货物就是拼箱货，按照拼箱货（LCL—LCL）来操作。

整箱指一个集装箱里只有一个货主或厂家的货，能够装满一个或多个整箱的较大批量货物就是整箱货，按照整箱货（FCL—FCL）来操作。

3. 高柜与普柜。

高柜比普柜高1英尺。无论高柜还是普柜，长度和宽度是一样的。

4. 箱体自重、重箱、空箱或吉箱。

箱体自重：箱子自身的重量。20GP 的自重约 1.7 吨，40GP 的自重约 3.4 吨。

重箱：是指装了货的箱子，与空箱/吉箱相对。

没有装货的箱子叫空箱。在华南地区，尤其是广东、香港，空箱通常也叫吉箱，因为在粤语中，空和凶同音，不吉利，所以华南地区不叫空箱，叫吉箱。所谓提吉还重，就是提取空箱，拉去装货，然后交还装完货的重箱。

5. 背空箱、落空箱。

背空箱：是指在场站背空箱到厂家或物流仓库装货（通常指出口）。

落空箱：是指在厂家或物流仓库卸完货到场站落箱（通常指进口）。

6. DC。

DC 是指干货柜（Dry Container），20GP、40GP 等柜子都是干货柜。

7. 提单号。

通常是货代给的背箱的号，也可能是船东单（MBL）的单号，也可能是货代单（HBL）的单号。一般要根据船名/航次和提单号才能背箱，即提取空箱或重箱。

8. 箱号/柜号。

箱号/柜号就是指集装箱的编号，这个编号全球唯一，由四个字母和 7 个数字组成，其中前三个字母是箱主（船公司或租箱公司）代码，第四个字母基本都是 U，接着的 6 个数字是序号，最后一个数字是校验码。报关、制单、录入仓单时都要用到箱号。

9. 铅封号。

铅封号是指将集装箱门锁死的封条的编号。铅封一般由船公司提供，需要花钱购买，一般是 50 元一个。

10. 倒箱。

倒箱指在场站把箱子从这个场站拉到另一个场站，或者不按照从上到下的顺序取箱，而是把上面的箱子挪开，提取压在下面的箱子。指定箱号或海关查验时较容易出现这种情况。

11. 集装箱场站。

集装箱场站通常指在码头上或码头附近堆放、管理箱子的地方。背箱一般都是去场站。相应的也有场站收据，场站和承运人之间交接集装箱凭场站收据来办理。

12. 设备交接单。

出口提箱时，要先打单，然后拿到一份一式多联的设备交接单。可凭这份设备交接单提箱、出站、入站、还箱。

13. 出口箱场站放箱到几点？

通常是 22 点，但一般到 21 点办单的地方就没人了。

14. 超载、超重。

超载：一般是指所运货物吨位超过了运输工具的限重。

超重：一般是指所装货物吨位超过了集装箱的限重。

15. 装箱与拆箱。

装箱（Loading）就是背着空箱去装货。

拆箱（Unloading）就是背着重箱去厂家卸货。

16. 重去重回。

重去重回是指拉着货去再拉着货回来，不空返，不空驶。

★ 课堂实训

一、宁波诚通进出口贸易公司与德国 AAA COMPANY INC. 的女士夹克订单中，包装条款如下：

PACKING	THE CARTON MEASUREMENT WHICH CAN BE USED
8 PCS PER EXPORT CARTON, ASSORTED COLOURS AND SIZE, PER COLOUR IN BLISTER POLYBAG	120CM × 40CM, 80CM × 60CM, 60CM × 40CM, 40CM × 30CM, 30CM × 20CM, 20CM × 15CM THE MIN. HEIGHT OF THE CARTON MUST BE 10CM THE MAX. WEIGHT OF A CARTON IS 15KG.
SAMPLE	SEW IN LABEL
APPROVAL SAMPLES TO BE SENT LATEST 30 JAN., 2021 LAB DIPS TO BE SENT LATEST 28 FEB., 2021 HANGTAG/LABEL TO BE SENT LATEST 20 APR., 2021 PRE – PRODUCTON SAMPLES TO BE SENT LATEST 05 MAY., 2021 BULK PRODUCTON SAMPLES TO BE SENT LATEST 15 JUNE., 2021	AAA WOVEN LABEL WITH SIZE LABEL BESIDE, AT SIDESEAM COMPOSITION AND CARE INSTRUCTIONS： SHELL：100% COTTON LINING：100% POLYESTER PADDING：100% POLYESTER FUR：100% ACRYLIC FIRST TIME WASH SEPERATELY, WITH SIMILAR COLOURS AND INSIDE OUT. ORDER NUMBER ON EACH REQUIRED.

请回答以下问题：

1. 订单要求用哪种包装物？每个包装物装几件商品？装哪些规格和颜色的商品？

2. 每个包装物的高度和毛重有何要求？

3. 某工厂准备采用 80 cm ×60 cm ×20 cm 的包装尺寸的出口纸箱，除了订单中的提到的装箱要求之外，德国 AAA CO. LTD. 还要求纸箱达到以下技术要求，耐破强度为 1 569 kPa，边压强度为 8 000 N/m，戳穿强度为 100 kg/cm，请查我国瓦楞纸箱分类及各类纸箱对瓦楞纸板的技术要求，选择最合适的包装材料。

二、某份合同的部分内容如下所示：

MARKS	DESCRIPTION OF GOODS	QUANTITY	UNIT PRICE	AMOUNT
	STYLE NO. 925 100% COTTON BLOUSE(EEC – 7)	2,250PCS	FOB SHANGHAI (INCL. QUOTA) USD15,20/PC	USD34,200.00
	STYLE NO. 926 95% COTTON 5% SPANDEX CULOTTE(裙裤)(EEC – 6)	3,750PCS	USD14.20/PC	USD53,250.00
TOTAL		6,000PCS		USD87,450.00

ATTENTION

1. PLS COMPARE APPROVAL SMPL MEASUREMENT WITH NEW REVISED MEASUREMENT IN SIZE SPEC. ALL MEASUREMENT MUST BE ADJUSTED ACCORDING TO NEW REVISED SIZE SPEC.

2. PLS SEND SIZE SET IN SIZE 38 ~ 42 FOR RE-APPROVAL BY US BEFORE STARTING PRODUCTION.

3. PACKING: 1 PIECE IN POLYBAG & FLAT, WITH G. W. NO MORE THAN 10 KGS PER CARTON, SOLID COLOUR AND SOLID SIZE WITH STYLE NO. 925, 1 PIECE IN POLYBAG & FLAT AND 8 PCS PER CARTON, ASSORTED COLOUR AND SIZE WITH STYLE NO. 926.

4. EXPORT CARTON MUST BE STRONG.

5. SHIPPING MARK MUST SHOW H. YOUNG, STYLE NO., QUANTITY, COLOUR AND CARTON NO..

SIDE MARK MUST SHOW GROSS WEIGHT, NET WEIGHT, SIZE OF CARTON.

6. PLS INFORM US BY FAX/MAIL OF ALL INQUIRIES REGARDING DELIVERY BEFORE SHIPMENT.

根据上面的资料回答下列问题：

1. 如果 925 款的每件净重为 400g，纸箱自重 2kg，根据客户的要求，外贸跟单员需要订购多少只纸箱？为了更好地保护纸箱内衣服，需要在纸箱内的底部和上部各加一张单瓦楞衬板（俗称"天地盖"），则需要订购多少张单瓦楞衬板才能达到目的（不考虑损耗）？

2. 根据以上所给资料，请设计运输唛头。

正唛　　　　　　　　　　　　　侧唛

三、假设包装纸箱采用尺寸为 580 mm×550 mm×300 mm 的瓦楞纸箱，每箱毛重为 6.5 kg，每箱净重为 5.4 kg，共 1 700 箱，请计算需要几个 40 英尺钢质集装箱？应该怎么装集装箱？

同步训练

一、单项选择题

1. 绿色包装材料是指（　　）。
   A. 木质包装　　　　　　　　　　B. 纸质包装
   C. 塑料包装　　　　　　　　　　D. 所有可回收再利用包装材料

2. 相对而言，以下哪些包装材料使用不是很普遍？（　　）
   A. 木材　　　　　　　　　　　　B. 陶瓷
   C. 塑料　　　　　　　　　　　　D. 纸

3. 以下不属于木质包装材料优点的是（　　）。
   A. 无须任何处理即可使用　　　　B. 分布广，可以就地取材
   C. 价格低廉　　　　　　　　　　D. 容易加工

4. 下列哪类纸板是销售包装的主要材料？（　　）
   A. 牛皮箱纸板　　　　　　　　　B. 箱纸板
   C. 瓦楞纸板　　　　　　　　　　D. 白纸板

5. 金属包装材料中产量和消耗量最多的是（　　）。
   A. 镀锡薄钢板　　　　　　　　　B. 铝合金薄板
   C. 镀铬薄钢板　　　　　　　　　D. 镀锌薄钢板

6. 以下哪个是我们出口外贸中最常用的纸板类型？（　　）
   A. 牛皮箱纸板　　　　　　　　　B. 箱纸板
   C. 瓦楞纸板　　　　　　　　　　D. 白纸板

7. 以下哪个纸板类型是主要用于作衬垫，或制作各种包装食品、糖果、皮鞋的中小型盒子等用？（ ）

    A. 牛皮箱纸板   B. 黄纸板

    C. 瓦楞纸板   D. 白纸板

二、多项选择题

1. 对于出口纸箱包装要求，以下正确的是（   ）。

    A. 外箱毛重一般不超过 25 kg。单瓦楞纸板箱，用于毛重小于 7.5 kg 的货物；双瓦楞纸板箱，用于毛重大于 7.5 kg 的货物

    B. 纸箱的抗压强度应能在集装箱货托盘中，以同样纸箱叠放到 2.5 m 高度不塌陷为宜

    C. 如产品需作熏蒸，外箱的四面左下角要有 2 mm 开孔

    D. 出口区欧洲的外箱一般要印刷可循环回收标志，箱体上不能使用铁钉（扣）

2. 塑胶袋包装一般要求（   ）。

    A. PVC 胶袋一般是被禁用的

    B. 胶带上要有表明所用塑料种类的三角形环保产品

    C. 胶袋上印刷 "PLASTIC BAGS ARE DANGEROUS TO AVOID OF SUFFOCATION, KEEP THIS BAG AWAY FROM BABIES AND CHILDREN" 胶带上还要打孔，每侧打一个，直径 5 mm

    D. 仅 B 和 C 是正确的

3. 纸类包装材料有哪些优点？（   ）

    A. 性价比高   B. 具有良好的弹性和韧性

    C. 符合环保要求   D. 可回收利用

4. PVC（聚氯乙烯）多用于制造（   ）。

    A. 水管   B. 装汽水的塑料瓶

    C. 雨衣   D. 塑料袋

5. 铝箔复合薄膜常用于（   ）。

    A. 食品包装（主要为软包装）   B. 香烟包装

    C. 药品包装   D. 洗涤剂和化妆品包装

三、判断题

1. 箱纸板主要用于运输包装。（   ）

2. 牛皮箱纸板主要用于销售包装。（   ）

3. 镀锡薄钢板简称镀锡板，俗称白铁皮。（   ）

4. 铝箔复合薄膜式由铝箔与塑料薄膜或纸张复合而成，大量用于香烟包装盒食品包装。（   ）

5. 镀锌薄钢板简称镀锌板，俗称马口铁。（   ）

6. 对木质包装材料进行熏蒸处理主要是为了防止有害昆虫的传播。（　　）

7. 开槽型纸箱，代号02型。（　　）

8. 出口瓦楞包装纸箱造型结构设计程序为设计构想—样品制作—试装试验—图纸绘制。（　　）

9. 德国规定包装材料的"3R"原则分别是可再生利用（Reuse）、可自然降解（Reduce）还原、可进行循环再生处理（Recycle）。（　　）

10. 瓦楞箱中UV形瓦楞在世界各国采用最广泛。（　　）

全书逻辑回顾：

宁波诚通进出口贸易公司成立于 2000 年，下设业务一部和业务二部两个部门，两个部门的订单情况如下：

业 务 一 部 订 单 详 情		
时间	客户	订单详情
2020 年 3 月 10 日	美国 TMR TEXTILES 公司	男式衬衫
2020 年 3 月 15 日	德国客户	男童 T 恤打样来函
2020 年 5 月 15 日	澳大利亚客户	女式短袖 T 恤
2020 年 12 月 14 日	德国 AAA COMPANY INC.	女式夹克
2021 年 3 月 20 日	德国客户	拖鞋
业 务 二 部 订 单 详 情		
时间	客户	订单详情
2020 年 3 月 8 日	加拿大 START 公司	铸件
订 单 执 行 详 情		
订单	合作加工厂（国内供应商）	面料供应商
男式衬衫	宁波 FYD 服饰有限公司	宁波五彩布厂
女式短袖 T 恤	宁波大榭针织厂	宁波五彩布厂
女式夹克	宁波××服装厂	宁波五彩布厂
铸件	宁波市 LX 机械制造厂	相关原材料供应商
拖鞋	未列明	未列明

参 考 文 献

[1] 范越龙. 外贸跟单操作［M］. 2版. 北京：中国人民大学出版社，2019.

[2] 李二敏，赵继梅. 外贸跟单操作［M］. 北京：高等教育出版社，2018.

[3] 李浩妍. 外贸跟单实务［M］. 北京：科学出版社，2013.

[4] 童宏祥. 外贸跟单操作［M］. 上海：华东师范大学出版社，2014.

[5] 中国国际贸易学会商务专业培训考试办公室. 外贸跟单理论与实务［M］. 北京：中国商务出版社，2013.

[6] 鲁佳，庄朝曦，沈永平. 2019年浙江进出口首破三万亿，出口增长贡献率居全国首位［N］. 钱江晚报，2020-01-17.

[7] 在深圳注册公司后，从营业执照上能看到什么［EB/OL］.［2018-11-12］. http://www.wenmingtu.com/ask/1376.html.

[8] 王孟威. 出口产品质量抽样检验方法研究——以计数型抽样检验方法为例［D］. 宁波：宁波大学，2012.

[9] 物流巴巴. 来看看：30条实用的集装箱知识［EB/OL］.［2019-06-20］. https://www.52by.com/article/26305.